MARCO POLO

Südtirol

Reisen mit Insider Tipps

Diesen Führer schrieb Inga Hosp.
Die Aktualisierung besorgte Karin Bernhart.
Die in Frankfurt geborene Journalistin lebt einen Teil des Jahres in Südtirol.

www.marcopolo.de
Infos zu den beliebtesten Reisezielen im Internet, siehe auch Seite 104

MAIRS GEOGRAPHISCHER VERLAG

SYMBOLE

Insider Tipp **MARCO POLO INSIDER-TIPPS:**
Von unseren Autorinnen für Sie entdeckt

★ **MARCO POLO HIGHLIGHTS:**
Alles, was Sie in Südtirol kennen sollten

HIER HABEN SIE EINE SCHÖNE AUSSICHT

WO SIE JUNGE LEUTE TREFFEN

PREISKATEGORIEN

Hotels	
€€€	ab 110 Euro
€€	70–110 Euro
€	bis 70 Euro

Die angegebenen Preise gelten für ein Doppelzimmer pro Nacht.

Restaurants	
€€€	ab 40 Euro
€€	25–40 Euro
€	bis 25 Euro

Die Preise gelten für ein Essen mit Vor-, Haupt- und Nachspeise.

KARTEN

[110 A1] Seitenzahlen und Koordinaten für den Reiseatlas Südtirol

Karten zu Bozen, Brixen, Bruneck und Meran finden Sie im hinteren Umschlag.

Zu Ihrer Orientierung sind auch die Orte mit Koordinaten versehen, die nicht im Reiseatlas eingetragen sind.

GUT ZU WISSEN

Törggelen **17** · Südtiroler Spezialitäten **20**
Tiroler Sprachspezialitäten **37** · Die Vinschgauer lügen nicht **82**

Inhalt

Die wichtigsten MARCO POLO Highlights

Sehenswürdigkeiten, Orte und Erlebnisse, die Sie nicht verpassen sollten

1 **Laubengasse**
Unter den Bozner Lauben breiteten Kaufleute schon im Mittelalter ihre Waren aus (Seite 30)

2 **Schloss Runkelstein**
In der Bilderburg in Bozen ist ein mittelalterlicher Freskenschatz zu sehen (Seite 30)

3 **Südtiroler Archäologiemuseum**
In Bozen wird die 5300 Jahre alte Gletschermumie vom Hauslabjoch zur Schau gestellt (Seite 31)

4 **Rosengarten**
Aus Korallenriffen entstand ein unvergleichliches Naturschauspiel (Seite 33)

5 **Karersee**
Der wahrscheinlich schönste Bergsee Südtirols mit unvergleichlichen Blau- und Grüntönen (Seite 33)

6 **Seiser Alm**
Europas größte Hochalm ist im Sommer ein Blumenmeer (Seite 34)

7 **Bruneck**
Städtische Sommerfrische und alte Gassen mit pittoresken Bürgerhäusern im Pustertal (Seite 44)

Nirgendwo sind Sonnenuntergänge schöner als direkt unterm Rosengarten

Malerisch: der Kalterer See

8 Fischleintal
Im Fischleintal präsentiert sich die Bergwelt besonders eindrucksvoll (Seite 48)

9 Pragser Wildsee
Ein Dolomitenjuwel im Naturpark Fanes-Sennes-Prags (Seite 49)

10 Südtiroler Weinstraße
Panoramafahrt durch die Weindörfer um den Kalterer See (Seite 61)

11 Südtiroler Weinmuseum
Römische Trinkgefäße, rätische Weinbehälter und alte Geräte für den Weinanbau sind im Weinmuseum in Kaltern zu sehen (Seite 63)

12 Gärten von Schloss Trauttmansdorff
Ein 6 km langes, flach angelegtes Wegenetz führt in Meran durch das Garten- und Schlossareal mit seinen 166 770 Pflanzen (Seite 70)

13 Schloss Tirol
Das Stammschloss der Grafen von Tirol thront über der Stadt Meran (Seite 73)

Ötzi, der Mann aus dem Eis

14 Ortler
Der eisgepanzerte Gipfel des Königs Ortler spiegelt sich in den Fluten des Reschensees (Seite 86)

15 Schloss Churburg
Eine der größten Rüstungs- und Waffensammlungen Europas in Schluderns (Seite 86)

★ *Die Highlights sind in der Karte auf dem hinteren Umschlag eingetragen*

Entdecken Sie Südtirol!

Zwischen Bruneck, Brixen, Bozen und Meran: das Land mit vielseitigen Tallandschaften und bizarren Bergformationen

Ein beliebter Ferienort ist Völs

Wer über Südtirol spricht oder schreibt, begibt sich auf dünnes Eis, denn die Gefahr ist groß, einzubrechen und in kitschigen Klischees zu versinken. Es ist eben fast zu schön, um wahr zu sein. So wagte auch der in Bozen geborene Schriftsteller Herbert Rosendorfer nur eine sehr zurückhaltende Liebeserklärung an sein Heimatland, als er lakonisch meinte: »Gegenden nördlich des Alpenhauptkammes sind aus klimatischen Gründen für den Menschen unbewohnbar.«

Also beginnen auch wir lieber mit einer eher schlichten Analyse der Tatsachen. Der Name Südtirol: ein Glücksgriff, der sicherlich jeden Marketingexperten fröhlich stimmen würde. Die Assoziationen sind vorstellbar: »Tirol«, das bedeutet erhabene Berggipfel im Sonnenuntergang, geraniengeschmückte Wegkreuze an einsamen Wanderwegen und bodenständige Bauern, die an Glaube und Brauchtum festhalten. Das »Süd« ist quasi als Prädikat oder Steigerung zu sehen und bringt das Element charmanter Leichtigkeit mit ins Spiel: mehr Sonne, mehr Lebenslust, mehr Italien. Es wird behauptet, dass nicht nur das Wetter schöner und die Menschen freundlicher sind, sobald man den Brenner überquert hat, sondern auch, dass der Cappuccino hier besser schmeckt.

Auf der Südseite der Alpen gelegen, ist das Land von mächtigen, eindrucksvollen Bergen umgeben. Dennoch ist das Klima weder hart noch rau, sondern meist mild, sonnig und fast mediterran. Wolken bleiben am Alpenhauptkamm hängen, während Südtirol seinen Gästen fast eine Schönwettergarantie geben könnte. Der Vinschgau beispielsweise hat Niederschlagswerte, die nur unwesentlich über jenen von Sizilien liegen. An den fruchtbaren Hängen gedeihen wunderbare Weine, und jeder zehnte Apfel,

Schloss Lebenberg thront in herrlicher Lage über dem Etschtal

Geschichtstabelle

vor 8000 v. Chr. Späteiszeitliche Gerätefunde

ca. 3800–2500 v. Chr. Siedlungsspuren in mittleren Höhen; Permafrostmumie vom Hauslabjoch/Schnals, entdeckt 1991 in fast 3000 m Höhe

ca. 800 bis Christi Geburt Eisenzeit. Schriftfunde, Gräberfeld von Pfatten-Stadlhof

um 150 v. Chr. Erste Kontakte der Bewohner im Tiroler Raum mit den Römern

15 v. Chr.–40 n. Chr. Besetzung des Tiroler Raums durch Drusus (Pons Drusi bei Bozen) und Tiberius

ab 3. Jh. Einfälle germanischer Stammesgruppen. Um 500 kurze ostgotische Herrschaft

ca. 560–788 Eingliederung ins karolingische Reich

um 1000 Heiliges Römisches Reich: Das »Land im Gebirge« als wichtige Passlandschaft ist Teil des Herzogtums Bayern

11. und 12. Jh. Adelsgeschlechter, besonders die Grafen von Tirol, setzen sich durch. Landeshauptstadt Meran

14.–16. Jh. Durch Erbschenkung (1363) wird Tirol an Habsburg übertragen

1805 Im Frieden von Pressburg wird Tirol an das von Napoleon abhängige Kurfürstentum Bayern abgetreten

1809 Volkserhebung unter Führung von Andreas Hofer

1813 Vereinigung mit Österreich

1919 Im Frieden von St-Germain Abtrennung Tirols südlich des Brenners von Österreich und Angliederung an Italien

ab 1923 Südtirol mit dem Trentino vereinigt. Faschistische Assimilierungs- und Italianisierungspolitik

1943 Südtirol wird von deutschen Truppen besetzt

1948 Erstes Autonomiestatut für die Region Trentino-Südtirol

1969–1972 Verhandlungen zwischen Italien und Österreich führen zum »Paket« autonomer Zuständigkeiten für Südtirol

1992 Der »Südtirolkonflikt« wird als beigelegt, der Autonomiestatus offiziell als vollzogen erklärt

2001 Silvio Berlusconi gewinnt mit seiner rechtslastigen »Forza Italia« die italienischen Parlamentswahlen. Die Südtiroler Volkspartei erringt im eigenen Land einen großen Erfolg, muss aber in Rom auf die Oppositionsbank

der in Europa gegessen wird, ist in Südtirol gewachsen. Exotische Pflanzen bestimmen das Stadtbild von Meran, und wer beim Bummel über die elegante Kurpromenade durch Palmenfächer in den blauen Himmel blinzelt, wird vermutlich überrascht sein von dem unverhofften Anblick schneebedeckter Berggipfel.

Zehn Klimazonen prägen die Landschaft

Südtirol ist ein kleines Land. Mit seinen rund 7400 km^2 würde es beinahe zehnmal in den Freistaat Bayern hineinpassen. Allerdings täuschen zwei Faktoren über die geringe Landesgröße hinweg: erstens die Besiedlung auf verschiedenen Ebenen, von den Städten und Dörfern in den Tallagen über die verstreuten Orte der Hochplateaus bis hin zu einsamen Bergbauernhöfen. Und zweitens die ungeheure Vielfalt von Landschaften, zehn verschiedenen Klimazonen, kulturellen Attraktionen und Möglichkeiten für Sport und Freizeit, die das Land südlich des Alpenhauptkammes größer erscheinen lassen, als es eigentlich ist. Ob Sommer oder Winter, das Hauptgewicht bei allen Freizeitaktivitäten liegt sicher beim Bergsport, liegen doch 78 Prozent des Landes höher als 1200 m und nur 14 Prozent unter der 1000-m-Grenze. Südtirols alpine Highlights sind im Westen die mächtigen, eisbepackten Schultern des Königs Ortler, mit fast 4000 m Südtirols höchster Berg, und im Osten die mystische, bizarre Felswelt der Dolomiten.

Seinen ihm eigenen, unwiderstehlichen Charme bezieht Südtirol aus den Kontrasten, die im Grunde so gegensätzlich sind, dass sie unvereinbar scheinen, und sich doch perfekt ineinander fügen. Gletscher und Palmen, Berggipfel und Badeseen, einsame Almen und sprühen-

Erntezeit für die reifen Äpfel in Oberlana

des städtisches Leben, unversehrte Natur und kostbare Kulturschätze, mittelalterliche Burgen und moderne Architektur, Trachten und Alta Moda, Knödelsuppe und Gourmetküche, alpenländische Tradition und italienische Lebensart: Das alles und noch viel mehr liegt oft nur einen Schritt weit auseinander oder befindet sich im fließenden Übergang. Insofern ist es verständlich, dass dieser privilegierte, fast mystische Ort die Menschen schon immer fasziniert und angezogen hat.

»Südtirol ist ein altes Kulturland«

Nicht erst seit dem sensationellen Fund des Gletschermanns Ötzi weiß man, dass Südtirol ein uraltes Kulturland ist. Spuren menschlicher Siedlungen weisen bis auf das Ende der letzten Eiszeit, also noch rund 10 000 Jahre vor Ötzis Auftritt. Schließlich zeigten auch die Römer Interesse für das Land, das sie Rätien nannten, und legten zwei wichtige Verbindungsstraßen an, deren Verlauf im Großen und Ganzen auch heute noch besteht: Eine Straße zog sich durch das Etschtal und den Vinschgau über den Reschenpass nach Augsburg, die zweite Strecke führte vom Venediger Raum durch das Pustertal und Sterzing über den Brenner. So entstanden die ersten wichtigen Alpenübergänge, und diese wichtige strategische Lage rückte das »Land im Gepirg« schon früh in das Zentrum des Interesses und der Einflüsse aus Nord und Süd. Hier marschierten Heere, wurden Waren transportiert und zogen die deutschen Kaiser auf ihrem Weg nach Rom. Für diesen frühen »Tourismus« mussten Infrastrukturen geschaffen werden: Rasthäuser zum Wechseln der Pferde, Stallungen, Lagerräume und Zollstationen. Es entstanden aber auch Burgen, Klöster, Befestigungen und blühende Märkte, die die Aufmerksamkeit und den Appetit mancher mächtigen Herren erregten. So war Südtirol, als prosperierendes Grenzland zwischen Nord und Süd, immer schon eine Region, in der das Pendel der Macht und des Einflusses einmal in die eine und einmal in die andere Richtung ausgeschlagen hat. Deshalb hat man hier auch seit Jahrtausenden Erfahrung, wenn es darum geht, als Spielball der Mächte aus der jeweiligen Situation das Beste zu machen. Und man hat zweifellos auch eine sehr, sehr lange Erfahrung in der Bewirtung von Gästen. Heute reicht das Angebot vom günstigen Zimmer mit Familienanschluss auf einfachen Bauernhöfen bis hin zu exzellenten Hotels, wo es Gästen vom Gourmetrestaurant über die Wellnessoase bis hin zum Internetanschluss an nichts fehlt.

Ebenso wie Klima und Kultur, scheint auch der Charakter der Südtiroler Menschen von Kontrasten geprägt: einerseits von Flexibilität, andererseits aber auch ein wenig von bauernschlauer Sturheit. Doch gerade die Sturheit ist es vielleicht, die den Südtirolern geholfen hat, ihre Kultur, Sprache und nationale Identität über so viele Jahrhunderte und unter so vielen verschiedenen Herrschern zu erhalten.

Im kulturellen Sinn ist Südtirol ein eigenständiges Land, politisch gesehen war es aber seit 500 Jahren kein Land mehr mit einer autonomen Regierung. Diesem lang ersehnten Zustand ist man vor rund zehn Jahren endlich nahe gekommen. Erst 1992 wurden die letzten Durchführungsbestimmungen des Autonomiestatuts in Kraft gesetzt, und durch ein offizielles Streitbeilegungsabkommen zwischen Österreich und Italien wurde der Südtirolkonflikt, der seit dem Ende des Ersten Weltkriegs schwelte, für beendet erklärt.

Das neue Selbstbewusstsein, das die Autonomie dem kleinen Land bescherte, ist deutlich spürbar. Man strengt sich an, Rom zu zeigen, dass die nördlichste Provinz Italiens bestens allein zurechtkommt. Investiert wird nicht nur in Wirtschaft und Tourismus, sondern auch in Kunst, Kultur und die Infrastrukturen der ländlichen Gebiete. Sportzentren und Skigebiete, Museen und Theater, Schwimmbäder und Parkanlagen – das alles übt, neben den natürlichen Vorzügen des Landes, selbstverständlich auch einen touristischen Reiz aus. Denn der Tourismus ist, unterstützt von Landwirtschaft, Handel und Handwerk, Südtirols wichtigste Säule des Wohlstandes. Mehr als 10 000 Betriebe halten rund 211 000 Gästebetten bereit, und pro Jahr werden rund 4,4 Mio. Touristen und 25 Mio. Übernachtungen gezählt. Große Gewerbebetriebe und Fabriken findet man vornehmlich im Raum Bozen, gesunde und leistungsfähige Handwerksbetriebe sind im ganzen Land verteilt.

Ein weiteres Standbein der Südtiroler Wirtschaft ist die Landwirtschaft. Hier stehen Wein- und Obstbau an erster Stelle, gefolgt von Milchwirtschaft und Viehzucht. Nur ein Prozent der Nutzfläche ist Ackerland.

Von saftigem Grün umsäumt: einsames Gehöft im Eisacktal

»Das Land bezieht seinen Charme aus Kontrasten«

Südtirol ist eine der wenigen Regionen Europas, in denen das Problem der Arbeitslosigkeit praktisch nicht existiert. Vollbeschäftigung und Wohlstand in einem Land mit unzähligen Freizeitmöglichkeiten, reichem kulturellem Erbe, einer einzigartigen Landschaft und überwiegend schönem Wetter machen Südtirol zu einer Region mit allerhöchster Lebensqualität. Und gerade diese »paradiesischen Zustände« machen Südtirol nicht nur für seine glücklichen Einwohner, sondern letztlich auch für seine Gäste so attraktiv.

Brauchtum und Tradition

Hier werden historisch wie aktuell interessante und kulturell wie politisch bedeutsame Seiten Südtirols erschlossen

Autonome Provinz Bozen

Die verwaltungssprachliche Bezeichnung für das Land Südtirol (7400 km^2) kennzeichnet den politischen Sonderstatus der Provinz Bozen innerhalb der Provinzen Italiens, der mit einem Bündel autonomer Zuständigkeiten festgeschrieben ist. Ziel der Landesautonomie ist die Erhaltung von Sprache, Kultur und Eigenart der deutsch- und ladinischsprachigen Bewohner der Provinz Bozen (ca. 296 000 bzw. 18 000; dazu ca. 114 000 Italiener). Das lokale Parlament ist der Landtag in Bozen. Die lokale Regierung ist der Landesausschuss. Regierungschef: Landeshauptmann. Regierungsmitglieder: Landesräte.

Mit der benachbarten Provinz Trient ist Südtirol (italienisch: Alto Adige, also wörtlich Oberetsch) in der Region Trentino-Südtirol zusammengeschlossen.

Bar

Im lokalen Sprachgebrauch ein Lokal, wo man – meist im Stehen – Kaffee, andere Getränke, vielleicht auch einen Snack, zu sich nimmt.

Rast an der Bergstation Rotwand im Sextental

Bergbau

Der Erzreichtum ganz Tirols war im Mittelalter sprichwörtlich und hat Geschichte und Baubestand in Südtirol bis ins 17. Jh. wesentlich mitgeprägt. Zehntausende von Knappen haben in den besten Zeiten des »Bergsegens« Silber, Kupfer, Blei, Zink und anderes abgebaut. Zwei wichtige Zentren waren im Raum Sterzing und im Ahrntal. Was dort von den Bergwerksanlagen übrig geblieben ist, wurde letzthin zum Bergwerksmuseum mit Schwerpunkten in Sterzing, am Schneeberg und bei Prettau umgestaltet.

Bischöfe

Bischöfe spielten etwa seit dem Jahr 1000 in Südtirol eine besondere Rolle, da sie zur Sicherung der wichtigsten Verkehrswege über die Alpen von den Kaisern die Grafschaften in den Tiroler Haupttälern erhielten. Brixen (Bischofssitz bis 1964) wurde so für Jahrhunderte ein Machtzentrum im Herzen der Alpen. Nur so sind die herrschaftlichen Gesten der Prachtentfaltung im Bezirk um Dom und Hofburg zu verstehen, die Brixen den anderen Südtiroler Städten voraus hat. Der bekannteste der Brixner Bischöfe war Nikolaus von Kues, der von 1440 bis 1464 regierte. Er war Philosoph und Theologe, seine Werke haben bis heute Gültigkeit.

Burgen
An die 350 Burgen und Schlösser hat Südtirol. Dazu kommen noch eine ganze Reihe von stattlichen Ansitzen im Überetsch, die burgähnlichen Charakter haben und hauptsächlich vom Bauernadel bewohnt wurden. In etlichen werden Gäste bewirtet und beherbergt, eine beachtliche Anzahl ist auch zu besichtigen. Besonders bemerkenswert sind die Churburg im Vinschgau, Schloss Runkelstein und Schloss Maretsch in Bozen, die Trostburg im Eisacktal und Burg Taufers im Ahrntal. Viele Burgruinen sind ein hübscher Blickfang im Vorbeifahren. Sie thronen an trutziger Stelle als Symbole der Macht und erinnern an die Zeiten, als Handelskarawanen hier durchzogen, deren Weg bewacht werden sollte.

Dolomiten
Die Dolomiten sind der Teil der Südalpen zwischen Eisack und Etsch im Westen, Sextener Bach und Piave im Osten, Pustertal im Norden und Agordo im Süden. Höchster Berg: die Marmolada (3342 m).

Durch Absenken permzeitlicher Lavaböden, Überflutung durch das Ur-Mittelmeer und anschließende Hebung des mit organischen Resten bedeckten Meeresbodens entstanden die Dolomiten und wurden in der letzten Eiszeit vor ca. 14 Mio. Jahren in heutiger Gestalt ausgeformt. Benannt sind sie nach dem französischen Geologen Deodat de Dolomieu, der das magnesiumhaltige Kalkgestein 1789 im Eisackbett gefunden und beschrieben hat. Sie sind berühmt für bizarre Felsformationen, Alpenglühen und Kletterfreuden. Ausführlich informiert der MARCO POLO Führer »Dolomiten«.

Folklore
Brauchtum und Tradition werden gelebt, aber nicht immer ins tägliche Leben eingebunden. Trachten werden zu besonderen Anlässen (etwa einem religiösen Fest) hervorgeholt oder für den Fremdenverkehr. Nur die Blasmusikkapellen spielen immer in Tracht. Natürlich erhalten hat sich das Brauchtum im Sarntal, wo es für die Bewohner zur Selbstverständlichkeit gehört, in ihrer Tracht ins Dorf zu gehen, und wo auch noch uralte Handwerkszweige gepflegt werden, wie z. B. das Regglschnitzen (Pfeifenschnitzen) oder die Federkielstickerei. Volkstanzgruppen pflegen die einheimischen Tänze wie z. B. den »Schuhplattler«. Aufgeführt werden sie allerdings fast nur noch anlässlich von großen Folkloreveranstaltungen, dem Speckfest in Bozen beispielsweise.

Haflinger
Südtirol ist stolz auf eine bodenständige Pferderasse. Die kleinen, blondmähnigen Pferde mit dem honigfarbenen Fell wurden Ende des 19. Jhs. für den Arbeitseinsatz im Gebirge gezüchtet. Der Stammvater aller Haflinger kam 1874 zur Welt. Folie war der Sohn eines Araberhengstes und einer galizischen Landstute. Heute gibt es weltweit an die 6000 Haflinger, etwa die Hälfte davon in Südtirol und mehr als 500 im Bergdorf Jenesien. In Südtirol ist

Bereit für die Kamera? Fesche Trachtengruppe im Schlerngebiet

der Haflinger unerlässlicher Bestandteil eines jeden Umzuges und jeder Folkloreveranstaltung.

Italiener in Südtirol

1910: 7000; 1939: 81 000; nach der letzten Volkszählung 1991 rund 114 000. Im Verlauf der Italianisierungskampagne während des Faschismus und nach 1945 wurden Italiener zum Teil planmäßig in Südtirol, überwiegend in Bozen, angesiedelt, wo sie den Hauptanteil der Arbeitskräfte in der Industrie stellen. Sie leben vor allem in den Städten und einigen Talgemeinden, kaum in den Berggebieten. Generell kann man sagen, dass die Italiener mehr Schwierigkeiten mit dem Deutsch haben als umgekehrt die Südtiroler mit dem Italienisch – wobei der Südtiroler Dialekt eine zusätzliche Hürde ist. Seit beide Sprachen in Südtirol gleichgestellt sind (in den ladinischen Tälern auch das Ladinische), bemühen sich viele Italiener (auch im Hinblick auf die Beschäftigungschancen im öffentlichen Dienst) um bessere Deutschkenntnisse. Gegenseitige Vorurteile der beiden Sprachgemeinschaften beginnen sich nach vielen Turbulenzen im Zuge der Autonomie allmählich aufzulösen.

Ladinien

Lebens-, Sprach- und Kulturraum der Ladiner (etwa 40 000) sind die fünf Dolomitentäler Gröden und Gadertal (Provinz Bozen – etwa 18 000), Ampezzo und Buchenstein (Provinz Belluno) und Fassa (Provinz Trient).

Sprache Ladiniens ist das Ladinische, ein alpenromanisches Sprachenbündel, dessen Reste von Graubünden bis nach Friaul und Karnien reichen. Das Ladinische (eine Art »Volkslatein«, das aber dennoch auch von Italienern nicht automatisch verstanden wird) weist auf die älteste Siedlerschicht dieser

Gebiete, die Räter, zurück, die nach der römischen Eroberung 15 n. Chr. romanisiert wurden. Infolge der bajuwarischen Landnahme im 6. und 7. Jh. wurden die Ladiner in die erwähnten Täler zurückgedrängt, aber noch im späten Mittelalter waren große Teile Südtirols und das Gebiet von Trient bis zur Berner (= Veroneser) Klause gemischtsprachig deutsch-ladinisch (bzw. rätoromanisch).

Heute hat die ladinische Sprache in den wenigen Regionen, wo sie noch gesprochen wird, wieder einen hohen Stellenwert – sicherlich auch, um die eigene Identität zu wahren und sich nach außen abzugrenzen.

Landwirtschaft

Unübersehbar ist die Prägung der alpinen Kulturlandschaft Südtirols durch die bäuerliche, vor allem bergbäuerliche Arbeit (26 000 Betriebe), in »Spitzenlagen« bis zu 1200 m über der Talsohle. Die hohen Lagen spiegeln die hochmittelalterliche Siedlungsexpansion bis in die unwegsamen Hochtäler wider. Auch die »geschlossenen« (= unteilbaren) Höfe sind in Südtirol meist klein.

In den Tallagen herrschen, fast monokulturell ausgerichtet, Obst- und Weinbau vor, im Berggebiet wirtschaften viele Bauern, oft auf kleinen Flächen und in extremen Hanglagen, in breit gemischter Kultur in Ackerbau, Viehhaltung mit Wiesen und Weiden, im Obst-, Wein- und Gemüsebau. Diese sehr arbeitsintensiven Wirtschaftsformen sind letzthin gegenüber rationelleren, aber auch uniformeren Betriebsstrukturen wieder im Zunehmen.

Insgesamt aber ist die Landwirtschaft in Südtirol (etwa im Vergleich zum nördlichen Tirol und zu Bayern) kaum zurückgegangen, was sicher auch auf ein Netz von

Geschäftiges Markttreiben: traditionsreicher Pferdemarkt im Sarntal

Törggelen

Der Nuie (neue Wein) will verkostet sein

Ein beliebter Herbstbrauch ist das Verkosten des neuen Weins am Ort seiner Entstehung, am besten beim Weinbauern (Buschenschank), sozusagen neben der »Torggl«, der Traubenpresse, zugleich mit anderen Genüssen des Herbstes: Speck, geräucherten Würsten (»Kaminwurzn«) und Kastanien. Beim *Südtiroler Bauernbund* in Bozen *(Tel. 0471999333)* gibt's einen Buschenschankführer; das Törggelen verdient sich eigentlich aber nur, wer es sich erwandert hat. Deshalb ist, wer im Auto zum Törggelen fährt, auf dem Hinweg ein Ignorant und auf dem Rückweg ein Sicherheitsrisiko.

Förder- und Stützmaßnahmen zurückzuführen ist (Elektrifizierung, Höfezufahrten, Bausanierung).

Theater

Neben der Musik (Staatliches Musikkonservatorium Bozen, Haydn-Orchester, zahlreiche Musikkapellen und kleinere Ensembles) ist das Theater ein wesentlicher Faktor der Gemeinschaftskultur. Um die 200 Theatergruppen spielen in Mundart und Hochsprache.

1999 wurde das neue Stadttheater am Verdiplatz in Bozen eröffnet, das sich das italienische Teatro Stabile und die deutschen Vereinigten Bühnen Bozen als Spielstätte teilen. Darüber hinaus gibt es eine sehr lebendige Szenerie mit vier Kellertheatern (Gruppe »Dekadenz« in Brixen, »Theater in der Altstadt« in Meran, »Stadttheater« in Bruneck und »Carambolage« in Bozen), mehreren sommerlichen Freilichtinitiativen (die ältesten: Freilichtspiele Südtiroler Unterland in Neumarkt und Rittner Sommerspiele im Kommendehof Lengmoos) und vielen ländlichen und städtischen Kleinbühnen. Außerdem gibt es Gastspiele von Berufsbühnen aus dem deutschen Sprachraum.

Tourismus

Mehr als 25 Mio. Übernachtungen in 211 000 Betten, nahezu jeder zehnte Einwohner ist mit der Betreuung von Gästen beschäftigt: Der Fremdenverkehr schreibt im kleinen Südtirol große Zahlen.

Als klassisches Durchgangsland hat Südtirol zwar an den großen Routen eine jahrhundertealte gastgewerbliche Tradition, als Urlaubsland wurde es – nach ersten Schilderungen englischer und deutscher Reiseschriftsteller – jedoch erst vor etwa 120 Jahren bekannt, dann aber gleich kräftig: mit der Brennerbahn, mit gewaltigen hochalpinen Hotelbauten, mit der Kur-Weltstadt Meran, mit Dolomitenstraße und Schutzhütten bis über die 3000-m-Marke, schließlich mit jenem Boom, der Mitte der 1980er-Jahre die Zahl der Beherbergungsbetriebe auf mehr als 10 000 (einschließlich Privatvermieter) anwachsen ließ.

Viel mehr als Knödel und Speck

Die Südtiroler Küche hat bodenständigen Einschlag und italienische Eleganz

Dass Südtirol das Land der Begegnung von Knödeln und Spaghetti sei, mag als Metapher für die Nachbarschaft zweier (Ess-)Kulturen angehen. Zu wörtlich sollte man das nicht nehmen: Knödel und Spaghetti in einer Mahlzeit (gar auf einem Teller) sind eine horrible Vorstellung. Wohl aber trägt es zum Reiz guten Essens in Südtirol bei, dass man hier die Spezialitäten vieler italienischer Regionalküchen ebenso wie die bodenständigen Erfindungen der bäuerlichen und bürgerlichen Tiroler Kochkunst in vollen Zügen genießen kann.

Eine Riege Südtiroler Spitzenköche, teils international bekannt, dazu viele Südtiroler Gastwirte, unter denen als Vordenker der inzwischen verstorbene Brixner Gastwirt Hans Fink zu nennen ist, haben die vorwiegend bäuerliche Küche Südtirols durchforscht und »erleichtert«. Die Ergebnisse sind delikat und können charakterisiert werden als Neue Südtiroler Küche mit bodenständigem Einschlag und italienischer Eleganz.

Farbtupfer: Auf dem Obstmarkt in Natz bei Brixen werden frische Erzeugnisse aus Südtirol angeboten

Wem also zur Tiroler Küche einstweilen noch nichts anderes einfällt als Knödel und Speck, der kann sich in Südtirol vielerorts eines Besseren belehren lassen. Der kreative Aufwand, den Südtiroler Bäuerinnen jahrhundertelang getrieben haben, um verschiedene Teige abwechslungsreich zu füllen, zu formen und zu garen, kommt aus der (Fleisch-)Not und hat unter anderem hervorgebracht: Schlutzkrapfen und Tirtlen, Struzen und Gwoachet, Nigilan und Minggilan, Polsterzipfl und Schweizerhosen, Puntscha und Grunggln und viele andere pikant oder süß gefüllte, gebackene oder gesottene Köstlichkeiten.

Bei solcher Variationsbreite im früher fleischarmen Küchenpanorama brauchen bei den Fleischgerichten wohl nur einige Spezialitäten erwähnt zu werden: vom Hammel das »Bauernschöpsene« mit im Ofen mitgebratenen Gemüsen, vom Zicklein der Kitzbraten, vom Rind der St.-Magdalena-Braten, vom Kalb das Herrengröstl, der saure Kalbskopf und das Kapuzinerfleisch, vom Wild der Gamsschlegel und der Rehrücken (vielfach mit Polenta) und schließlich vom *Fack* (Schwein) der Bauernschmaus und

Südtiroler Spezialitäten

Lassen Sie sich diese Köstlichkeiten gut schmecken!

Bauernschöpsernes – Hammelfleisch, das zuerst in Milch eingelegt und dann im Ofen gebraten wird. Oft wird auch Gemüse mitgegart

Eisacktaler Weinsuppe – eine kräftige Fleischsuppe, die mit Weißwein und Rahm abgeschmeckt und dann mit Zimt und Brotwürfeln serviert wird

Hauswurst mit Kraut – die grobe Wurst aus Rinds- oder Schweinefleisch wird nur im Herbst und Winter gegessen. Serviert wird sie meist mit Sauerkraut, manchmal auch mit Knödeln oder Bratkartoffeln

Herren- oder Stockfischgröstl – gekochte Kartoffeln und gekochtes Kalbfleisch bzw. Stockfisch werden gebraten und mit Gewürzen (vor allem Lorbeer) und Bratensauce abgeschmeckt

Knödel – in ihrer ursprünglichsten Form Kugeln aus altbackenem Brot, Zwiebeln, Eiern, Mehl und Milch, die in Wasser gesotten werden. Es gibt heute an die 40 verschiedene Spezialitäten, die mit Gemüse oder Obst verfeinert werden

Krapfen – in heißem Öl gebackene Süßigkeit mit Marmeladenfüllung. Unübertrefflich mit Kloatzen (Füllung aus getrockneten Ackerbirnen)

Schlutzkrapfen (auch Schlutzer) – Teigtaschen mit Spinat- und Topfenfüllung, die mit brauner Butter übergossen und mit Parmesankäse abgeschmeckt werden

Spargeln mit Bozner Sauce – das Königsgemüse wird in Südtirol mit einer Eiersauce serviert. Die besteht aus hart gekochten Eiern, frischen Frühlingskräutern, Öl und Essig oder Zitrone

Speck – am Speck führt in Südtirol kein Weg vorbei. Der geräucherte Schinken wird zur Marende (Brotzeit) aufgeschnitten und schmeckt am besten mit hartem Schüttelbrot

St. Magdalener Braten – Rindsbraten mit einer Sauce aus kräftigem Rotwein von den Hängen in St. Magdalena/Bozen

Völser Schüttelbrot (auch Völser Brettl) – flache, knackige Fladen mit einer unregelmäßigen Oberfläche. Das Brot wird gern zu Speck und Rotwein serviert. Der Teig wird vor dem Backen so lange »geschüttelt«, bis er ganz dünn geworden ist

– wer käme in Südtirol daran vorbei – der Speck: im Idealfall mindestens zwei Monate lang sorgsam gepökelt und geräuchert, luftig gelagert, als unterspickter, saftiger Bauchspeck oder als optisch gefälligerer rotweißer Schinkenspeck mit frisch gekochten Erdäpfeln oder dünnen, knusprigen Schüttelbrot-Fladen zur *Marende* (dem Südtiroler Imbiss am Nachmittag) genossen. Und zum Genießen gehört beim Speck auch das Aufschneiden in dünne Scheibchen oder Stiftchen.

Bei den Nachspeisen, Mehlspeisen zumeist (die österreichische Vergangenheit sei gepriesen), wäre von Strauben, Schmarrn, Torten und Gefrorenem zu schwärmen, nicht zu vergessen die vielen Obstsorten, die – von Apfel bis Kiwi, von Marille (Aprikose) bis Traube – in Südtirol prächtig gedeihen.

Im Frühjahr und Herbst gibt es eine Reihe von Spezialitätenwochen, die einfallsreiche Regionalküche in den Abtönungen der einzelnen Talschaften anbieten. Auskunft geben die Verkehrsämter.

Im großen Stil zu probieren gibt es Südtirols Weine bei der Bozner Weinkost im Mai. Auch bei Weinkostwochen in Tramin (Mai), Auer (Oktober), Meran (November) und anderswo kann man sich davon überzeugen, dass die Weine aus den Südtiroler Anbaugebieten wieder den Anschluss an die europäischen Spitzenweine gefunden haben.

Das gilt sowohl für die Rotweine (Rebsorten wie beispielsweise Vernatsch, Lagrein, Blauburgunder, Merlot, Cabernet, Malvasier) als auch für die Weißweine (beispielsweise Gewürztraminer, Weißburgunder, Ruländer, Sauvignon, Welschriesling, Veltliner, Müller-Thurgau und Chardonnay). Jährlich werden um die 450 000 hl produziert, 75 Prozent Rotweine, 25 Prozent Weißweine.

Informationen über den Wein in Südtirol gibt es unter anderem im Internet unter *www.suedtirolerwein.com.* Über die Kulturgeschichte des Weinbaus kann man sich am besten im *Südtiroler Weinmuseum* in Kaltern informieren.

In Südtirol gibt es auch gutes einheimisches und vielerlei importiertes Bier sowie den aus Trestern gebrannten Treber, den die Italiener als Grappa kultivieren. Von hervorragender Qualität sind die aromatischen Obstschnäpse (Marillenbrand, Kirschwasser) sowie Kräuterschnäpse und Fruchtsäfte.

Kaffee wird, besonders in Ausflugsstationen, oft »nach deutscher Art« angeboten, also gefiltert, während er sonst in Südtirol bis ins höchste Bergdorf und zumeist in bester italienischer Qualität aus der Espressomaschine tröpfelt. Man kann ihn schwarz oder brauncremig, in größerer Tasse als Cappuccino oder Milchkaffee oder gar »korrigiert« *(corretto)* mit Schnaps oder Brandy haben.

Der Trend zur Qualitätsgastronomie hat in Südtirol, wo gutes Essen und Trinken eigentlich traditionelle Selbstverständlichkeiten sind, in den letzten Jahren eine Reihe von Spitzenlokalen entstehen lassen. Im Übrigen halte man sich an die Essenszeiten (12–14 Uhr und 19–21 Uhr), die der Qualität und Frische des Essens nur förderlich sind. Für den kleinen Hunger zwischendurch gibt es genügend Imbissstuben, Bars und Cafés.

WEIN VERKAUF
WEIN

Kunsthandwerk und Lukullisches

Das Handwerk hat eine reiche, gut gehütete Tradition. Südtirol ist aber kein Billigland

Üblicherweise bewegen sich Einkaufsempfehlungen für Südtirol im Viereck Lebensmittel – Kunsthandwerk – Mode/Design – Schnitzereien. Bei den Lebensmitteln dominieren Spirituosen (Obst- und Kräuterschnäpse), Wein, Speck und italienische Spezialitäten wie Salami, Käse, eingelegte Pilze, Oliven oder Olivenöl.

Das Kunsthandwerk – unter anderem Gedrechseltes, Getischlertes und Geschnitztes aus Holz und Horn – hat eine sehr alte, reiche Tradition. Reste der alten Hausgewerbe haben im Sarntal und im Ahrntal überlebt: im Sarntal vor allem bei Federkielstickern, Drechslern, Korbflechtern und »Regglmachern« (Reggl heißt das kleine Sarner Tabakspfeifl); im Ahrntal bei (Masken-) Schnitzern und Spitzenklöpplerinnen.

Im Pustertal, im Gadertal und in Passeier hat die Handweberei Tradition. In Bozen, Meran und Bruneck brillieren Schmuckdesigner und Goldschmiede mit ihren Kostbarkeiten. Seidenmalerei und gestickte Foulards, Schals und Blusen sind ein neuer Zweig des Südtiroler Kunsthandwerks. Keramikgegenstände wie Geschirr, Krüge, Ofenkacheln oder Trachtenfiguren sind bodenständig, desgleichen Kunstschmiedearbeiten aus Eisen und Bronze. Bemaltes oder geätztes Glas zeigt kunsthandwerkliche Glanzleistungen. In der Glasmalerei, aber auch in der Holz- und Metallverarbeitung zeichnet sich ein Trend zu neuen Ausdrucksformen ab.

Südtirols Weinläden sind eine wahre Fundgrube für Weinkenner

Außerhalb des Landes wird Südtirol vielfach mit der weithin bekannten Grödner Holzschnitzerei geradezu identifiziert: Grödner »Herrgötter«, Madonnen, Putten, Figuren in allen Größen und Varianten für die Weihnachtskrippe, auch Spielwaren werden in alle Welt exportiert. Vielerorts werden Holzschnitzkurse für Touristen angeboten. Weitere Informationen bietet die Broschüre »Kunsthandwerk aus Südtirol« (Auskunft bei der *Handelskammer, Perathonerstr. 8 b, 39100 Bozen, Tel. 04 71 94 55 11, Fax 04 71 94 56 20*).

In Südtirol hat sich auch eine lebendige Szene der Gegenwartskunst entwickelt; Aquarelle und grafische Blätter können in zahlreichen Galerien entdeckt und erworben werden.

Feste, Events und mehr

Von Fasching bis Advent: kein Wochenende ohne Fest

Offizielle Feiertage

1. Januar *Neujahrstag;* **6. Januar** *Dreikönigstag;* **Ostermontag;** **25. April** *Staatsfeiertag;*

Kirchweihfest in Sexten

1. Mai *Fest der Arbeit;* **2. Juni** *Tag der Republik;* **15. August** *Mariä Himmelfahrt;* **1. November** *Allerheiligen;* **8. Dezember** *Mariä Empfängnis;* **25./26. Dezember** *Weihnachten*

Der Pfingstmontag ist kein offizieller Feiertag, Geschäfte und Ämter sind aber an diesem Tag geschlossen.

Feste und Veranstaltungen

Januar

Internationale Schneeskulpturen-Wettbewerbe in Innichen, St. Vigil und Wolkenstein

Februar/März

Faschingsdienstag: *Egetmann-Umzug* in Tramin in jedem ungeraden Jahr. Ein Fastnachtsbrauch, in dessen Mittelpunkt der Fruchtbarkeit bringende Hochzeitszug des Egetmanns durch das ganze Dorf steht

Wilde Weiber springen durchs Dorf beim ★ *Zusslrennen* (Zussl = Hexen) in Prad, jeweils zwischen dem Unsinnigen Donnerstag und dem Faschingsdienstag

März/April

★ Ostermontag: *Meraner Bauerngalopprennen*. Ein Rennen auf Haflingern mit Folklore und einem Umzug auf dem Meraner Pferderennplatz

Locknfest am Kronplatz (bei Bruneck): Ski-Saisonausklang mit spektakulären »Schneematschfahrzeugen« und einer Wasserlandung

Anfang April: *Bozner Filmtage*. Für Filmliebhaber ein kleiner Leckerbissen

Mai

30. April und 1. Mai: *Bozner Blumenmarkt*. Eine bunte, über 100-jährige Tradition im Altstadtzentrum

Mitte Mai: *Speckfest* in Bozen mit Maibaumklettern und Folkloredarbietungen

Bozner Weinkost in den historischen Gemäuern von Schloss Maretsch. Geführte Verkostungen verschaffen auch Amateuren einen köstlichen Einstieg in die Welt der Südtiroler Weine.

Juni

Sonntag nach Fronleichnam: Insider Tipp zeremonielle, *farbenprächtige Prozessionen* mit Trachten und Fahnen in allen Orten des Landes, am bekanntesten die in Kastelruth, eindrucksvoll auch die in Durnholz/ Sarntal

Mitte Juni: *Oswald-von-Wolkenstein-Ritt*. Historisches und sportliches Reiterspektakel um Kastelruth, Seis und Völs. Sehenswert: der Stangenslalom auf Schloss Prösels

Juli

Insider Tipp *Gustav-Mahler-Musikwochen* in Gedenken an den Komponisten in dessen Sommerfrische Toblach im Pustertal

Juli und August: ★ *Bozner Ballettsommer*. Tanzworkshops und hochkarätige Aufführungen internationaler Tanztruppen

Maratona dles Dolomites: Tausende begeisterter Profi- und Hobbyradfahrer überqueren bei diesem spektakulären Rennen sieben Dolomitenpässe

August

Auftakt der *Meraner Musikwochen*

Insider Tipp *Almabtrieb:* Ab dem 24. August werden die Weidetiere von der Alm abgetrieben. Dafür werden sie mit Glocken und bunten Blumengewinden geschmückt

September

★ Erster Sonntag: *Sarner Kirchtag* in Sarnthein. Eines der größten Volksfeste in Südtirol

★ *Großer Preis von Meran*. Das große internationale Pferderennen auf dem Meraner Rennplatz ist oft mit der italienischen Staatslotterie gekoppelt

Oktober

Traubenfest in Meran mit einem großen Umzug. Zahlreiche *Herbst- und Weinfeste* im Überetsch

Dezember

Vor Mitte Dezember: *Weltcup-Skirennen* in Gröden und Alta Badia

Zusslrennen in Prad

Vom Brenner über Sterzing bis Bozen

Die oft verkannte Region bietet kulturelle und natürliche Fülle mit städtischem Flair

Düfterausch: Obstmarkt in Bozen

Das Eisacktal wird meist nur durch- beziehungsweise (auf der Autobahn) überfahren, weshalb es die vielleicht verkannteste Urlaubslandschaft Südtirols ist. In seinem oberen Teil, dem Wipptal, vom Brenner bis an das Brixner Becken, ist es noch von den eher herberen klimatischen Bedingungen nahe dem Alpenhauptkamm geprägt. Ab Brixen bis ans Bozner Becken stellen sich als Signale südlicheren Reizes schon Obstkulturen, Rebhänge und Edelkastanien ein.

Nicht nur wegen des Städtedreiklangs Sterzing – Brixen – Klausen verdient das Eisacktal größere Aufmerksamkeit, sondern auch wegen seiner Seitentäler und seiner sonnigen und aussichtsreichen Hanglagen, die mit Kirchdörfern, Weilern und Einzelhöfen bestickt und von Burgen und Schlössern markiert sind. Und nicht zuletzt wegen seiner relativen Unbekanntheit bei größter kultureller Fülle längs des seit Jahrtausenden befahrenen Brennerwegs, des niedrigsten Passes zur Überwindung des Alpenhauptkamms. Und wenn auch in unmittelbarer Nähe der drei großen Verkehrsadern (Autobahn, Staatsstraße und Eisenbahn) in dem vernutzten Talschlund das Leben nicht sehr angenehm sein mag, so reicht oft ein Abstecher von wenigen Kilometern, manchmal eine kleine Wanderung, um sich überrascht an Plätzen zauberischer Entrücktheit wieder zu finden. So bieten zum Beispiel St. Verena und St. Andreas bei Lengstein am Ritten großartige Tiefblicke auf das Verkehrsgewusel in der Eisackschlucht und nicht minder großartige Einblicke in die Dolomiten.

Auch wer einen Sinn hat für die Formensprache einer Kulturlandschaft – für die grafischen Strukturen terrassierter Hänge oder alter Pflasterwege etwa –, der kommt im

Guter Stützpunkt für Wanderungen: St. Magdalena im Villnößtal

Waltherplatz mit dem Denkmal des Sängers Walther von der Vogelweide

Eisacktal voll auf seine Kosten, was durchaus auch wörtlich in Bezug auf seine Preiswürdigkeit verstanden werden darf. Übrigens: Auch beim Essen und Trinken zeigt das Eisacktal seinen Charakter, sei es bei den einmal veranstalteten Wochen der Eisacktaler Kost oder bei den ganzjährig angebotenen Spezialitäten und bei den köstlichen und wegen ihrer begrenzten Anbauflächen kostbaren Weißweinen.

Bozen (Bolzano)

Karte in der hinteren Umschlagklappe

[121 E–F 4–5] Eine Stadt (266 m; 96 000 Ew.) mit zwei Gesichtern: Wer als Italiener vom Süden kommt, der sieht das unitalienische einer Tiroler »Exotik«, wer von Norden kommt, dem wendet Bozen sein mediterranes Gesicht zu. Der Südtiroler Autor Joseph Zoderer nennt Bozen gar einen »schizophrenen« Ort von alpin-mediterraner Charakteristik, durchzogen von den Spuren eines Jahrtausends mitteleuropäischer Geschichte. Diese sehr alten, feinen Spuren fallen freilich nur dem Besucher auf, der in Bozen mehr sehen will als die rasche, bunte Impression einer malerischen Altstadt und den von Goethes Würdigung geheiligten prächtigen *Obstmarkt*.

Alle Verkehrsmittel entlassen die Besucher nahe den Wahrzeichen der Altstadt: *Dom* und *Waltherplatz*. Schon ist man mitten drin im Flanieren: über den weiten Platz mit dem Denkmal des politischen Minnesängers Walther von der Vogelweide, gern als Bozens »Salon« bezeichnet, querdurch zu den Lauben und ihren Parallel- und Quergassen, wo die alte Handelsstadt Bozen ihr Aktionszentrum hatte und die heutige Landeshauptstadt ihre Shoppingmeile besitzt: Bozen war ein wichtiger Markt seit 1200, privilegiert durch unabhängige Handelsgerichtsbarkeit. Ihr Zentrum war das palaisartige *Merkantilgebäude* (mit *Merkantilmuseum* zur Geschichte des Bozner Handelswesens, *Mo–Sa 10 bis 12.30 Uhr, Eintritt mit Führung 4 Euro*) in der Silbergasse. Die Messestadt Bozen hat ihr Zentrum im Süden im neuen Messegelände.

Insider Tipp

Beim *Obstmarkt* mit dem hübschen Neptunbrunnen wird man an den in der Buntheit von Farbpaletten arrangierten Ständen rasch lernen, die kaufenden Einheimischen von den Preise vergleichenden Fremden zu unterscheiden. Spätestens auf der Höhe der frisch herausgeputzten Sparkassenstraße oder der sanierten Talferbrücke werden Sie umkehren wollen, weil dort der Autoverkehr das Ende der Fußgängerherrlichkeit signalisiert. Doch Sie sollten weiterspazieren zum *Talferufer*, durch seine Grünzone gehen und einen Abstecher zum freskengeschmückten *Schloss Runkelstein* machen und auch dann noch nicht umkehren, wenn Sie vor dem umstrittenen Triumphtor des Siegesdenkmals stehen, mit dem das faschistische Italien sich seine kulturelle Erhabenheitsgeste aufgemauert hatte.

Die Straße, die daran vorbeiführt zum alten Kurort Gries, heißt *Freiheitsstraße* und entstand zur selben Zeit als »Corso«, als Prachtstraße des neuen, italienischen

Marco Polo Highlights »Eisacktal«

★ **Südtiroler Archäologiemuseum**
Hier ist der Eismann Ötzi zu sehen (Seite 31)

★ **Schloss Runkelstein**
Die Bilderburg im Norden von Bozen birgt den größten Freskenzyklus des Mittelalters (Seite 30)

★ **Ritten**
Das Hochplateau mit einem außergewöhnlichen Panoramablick (Seite 32)

★ **Hofburg mit Diözesanmuseum und Herrengarten**
Reiche Sammlung christlicher Kunst in Brixen (Seite 35)

★ **Karersee**
Der farbenprächtige Bergsee der Dolomiten (Seite 33)

★ **Villnößtal**
Wandern in einem malerischen Tal (Seite 39)

★ **Rosengarten**
Der Berg mit dem mythischen Abendglühen (Seite 33)

★ **Laubengasse**
Einkaufsvergnügen unter historischen Arkaden in Bozen (Seite 30)

★ **Seiser Alm**
Die größte Hochalm Europas (Seite 34)

Bolzano, die mit ihren Geschäftsarkaden die alten Lauben fortsetzen und übertrumpfen sollte. Sie endet am *Grieser Platz* mit der Barockfassade des *Benediktinerstifts Muri-Gries.* Im Anschluss wäre dann die alte *Grieser Pfarrkirche (Mo–Fr 10.30–12, 14.30–16 Uhr, Nov. bis März geschl.)* zu bewundern, die zwei außergewöhnliche Kunstschätze aufbewahrt: ein romanisches Holzkruzifix aus dem Jahr 1205, das so genannte Hepperger-Kreuz, das gleich im Eingang hängt, und den berühmten Marienaltar des Brunecker Meisters Michael Pacher (um 1435–98). Der Flügelaltar gehört zu den Höhepunkten hochgotischer Schnitzkunst.

Insider Tipp

SEHENSWERTES

Dominikanerkirche

Die Kirche aus dem 13. Jh. gehört zu den bedeutendsten Kunstdenkmälern Südtirols. Sehenswert ist vor allem die Johanneskapelle, die von Malern aus der Giotto-Nachfolge reich mit Fresken versehen wurde. *Mo–Sa 9.30–18 Uhr, Dominikanerplatz*

Dompfarrkirche

Die 1350 erbaute Domkirche ist seit 1964 Bischofskirche. Eleganter, reich geschmückter Turmabschluss (um 1500). Prachtvolle Kanzel (1514), sagenumwobenes Altarbild in der barocken Gnadenkapelle (um 1200). *Tgl. 8–12 und 14–17 Uhr, Nähe Waltherplatz*

Franziskanerkloster

Kirche, Kapellen und Kreuzgang. Der Flügelaltar (1500) stammt von Hans Klocker. *Mo–Sa 9.30–12 und 14.30–18.30 Uhr, Nähe Obstmarkt*

Obstmarkt

Seit über 700 Jahren werden im Zentrum der Altstadt Früchte, Gemüse, Blumen und Wurstwaren angeboten. An seiner Schönheit begeisterte sich auch Goethe. Vom Obstmarkt geht ostwärts die ★ *Laubengasse* ab. Unter den gotischen Gewölben breiteten Kaufleute schon im Mittelalter ihre Waren aus.

Oswaldpromenade

In ganzer Länge (2,5 km) von St. Anton nahe Runkelstein bis zum Weindorf St. Magdalena ergibt sie einen außerordentlich malerischen und wegen ihrer Pflanzenfülle reizvollen Spazierweg.

Schloss Runkelstein

★ Die Sommerresidenz der Herren Vintler auf einem Felsvorsprung am Eingang zum Sarntal birgt den größten erhaltenen profanen Freskenzyklus des Mittelalters. Das Schloss ist vom Stadtzentrum aus auf einem halbstündigen Spaziergang an der Talfer entlang zu erreichen. (Shuttlebus ab Waltherplatz). *Di–So 10–18 Uhr, 15. Juni–Sept. 10–20 Uhr, Eintritt 8 Euro*

MUSEEN

Museum für moderne Kunst

Das Museion zeigt in Wechselausstellungen Werke internationaler zeitgenössischer Künstler. *Di–So 10–18 Uhr, Do 10–20 Uhr, Eintritt 3,50 Euro, Sernesistr. 1*

Naturmuseum Südtirol

Auf 1000 m^2 wird die Vielfalt der Südtiroler Naturlandschaft gezeigt. Der Besucher kann die Entstehungsgeschichte der Dolomiten aus Korallenriffen nachvollziehen: Dafür steht in der Ausstellung sogar ein Meerwasseraquarium. Ein Erlebnis für Kinder. *Di–So 10–18 Uhr, Eintritt 5 Euro, Bindergasse 1*

Stadtmuseum
Das Museum birgt eine der reichsten kunst- und kulturgeschichtlichen Sammlungen Südtirols. Romanische Madonnen, gotische Flügelaltäre und eine unübertroffene Insider Tipp Volkskunstabteilung mit Trachten und Masken. *Di–So 10–18 Uhr, Eintritt 5 Euro, Sparkassenstr. 14*

Südtiroler Archäologiemuseum
★ Im Volksmund heißt es nach seiner Hauptattraktion: »Ötzi-Museum«. Hier nämlich wird die 5300 Jahre alte Eismumie vom Hauslabjoch samt spektakulären Beigaben gezeigt. Insgesamt bietet das Museum einen vorzüglich dokumentierten Streifzug durch die Geschichte der Region von der Altsteinzeit bis ins frühe Mittelalter. *Di–So 10–18 Uhr, Do bis 20 Uhr, Eintritt 8 Euro, Museumstr. 43, www.iceman.it*

ESSEN & TRINKEN

Argentieri
Lokal mit italienischem Flair in der mittelalterlichen Silbergasse. Besonders zu empfehlen: Fisch und Pasta. *So geschl., Silbergasse 14, Tel. 04 71 97 33 83, €€*

Batzenhäusl
Berühmtes Haus (1402), schicker Pub und Bistro auf drei Etagen. Auch zu später Stunde werden noch einheimische Spezialitäten serviert. *Im Winter Di geschl., Andreas-Hofer-Str. 30, Tel. 04 71 05 09 50, €*

Exil
Intreff der Stadtjugend. Spitzenweine, kleine Imbisse, Schokolade und Kaffee aus aller Welt. *So geschl., Kornplatz 2, Tel. 04 71 97 18 14, €*

Hopfen & Co.
Bozner Bier aus der Hausbrauerei, Hausspezialitäten, Livemusik. *So geschl., Obstmarkt 17, Tel. 04 71 30 07 88, €*

Kaiserkron
Genießen Sie die kreative Küche von Louis Agostini in der Altstadt. *Sa-abend, So geschl., Musterplatz 1, Tel. 04 71 97 07 70, €€€*

Önothek Enovit
Spitzenweine werden hier glasweise ausgeschenkt. *So geschl., Dr.-Streiter-Gasse 30, Tel. 04 71 97 04 60*

Shopping in Bozens Altstadt

Vögele (Roter Adler)
Wirtshaus in der Altstadt, spezialisiert auf Bozner Küchentradition. *So geschl., Goethestr. 3, Tel. 04 71 97 39 38, €€*

Weißes Rössl
Altbozner Gastwirtschaft mit bodenständiger, regionaler Küche. *Saabend und So geschl., Bindergasse 6, Tel. 04 71 97 32 67, €*

ÜBERNACHTEN

Insider Tipp **Greif**
Hinter historischer Fassade ein modernes Hotel garni direkt am Waltherplatz (Eingang Raingasse). Alle 33 Zimmer wurden von namhaften Künstlern sehr individuell gestaltet. *Tel. 04 71 31 80 00, Fax 04 71 31 81 48, www.greif.it, €€€*

Laurin
Luxus in bester Lage mit stilvollem Restaurant und Swimmingpool. *96 Zi., Laurinstr. 4, Tel. 04 71 31 10 00, Fax 04 71 31 11 48, €€€*

Stiegl
Nähe Altstadt, hübscher Garten, mit Restaurant und Bistro. *80 Zi., Brennerstr. 11, Tel. 04 71 97 62 22, Fax 04 71 98 11 41, €€*

FREIZEIT & SPORT

Kunsteishallen, -plätze und -bahnen in Bozen (Eishalle) und Umgebung, *Hallen- und Freibad* (Lido), *Surfen* am Kalterer See, *Golfplatz* in Petersberg bei Deutschnofen; *Skigebiete* in Stadtnähe: Ritten, Sarntal, Obereggen. Reiten in Bozen-Süd und am Hochplateau in Jenesien (hier mit Haflingerpferden). Tennisplätze und Skatebahn.

AM ABEND

Konzerte im Saal des Konservatoriums und im neuen *Haydnsaal (Dantestr.)*, Gastspiele in der *Stadthalle;* verschiedene Theaterinitiativen; *Filmclub:* anspruchsvolles Raritätenprogramm in der Streitergasse; Kleinkunstbühne *Carambolage* in der Silbergasse. Diskos: u. a. *Dancing OK (Gilmstr. 7, So–Mi geschl.), Big's Disco (Di geschl., Galvanistr. 39)*

AUSKUNFT

Verkehrsamt der Stadt Bozen
Waltherplatz 8, 39100 Bozen, Tel. 04 71 30 70 00, Fax 04 71 98 01 28, www.bolzano-bozen.it

ZIELE IN DER UMGEBUNG

Ritten **[122 A3–4]**
★ Hochplateau (1200 bis 2260 m) zwischen Eisack und Talfer, die aussichtsreiche, älteste Sommerfrische der Bozner mit berühmtem Alpenpanorama vom Rittner Horn (Sessellift von Pemmern, im Winter Skigebiet). Besonders lohnend ist eine Fahrt mit der Seilbahn von Bozen nach *Oberbozen* (1200 m) und weiter mit der Trambahn (von 1907) nach *Maria Himmelfahrt* (stimmungsvolle alte Sommerfrischsiedlung mit originellem Schießstand) oder über *Wolfsgruben* nach *Klobenstein* (1150 m). Von dort Wanderung über Lengmoos mit mittelalterlichem Deutschordenshospiz zu den seltsamen *Erdpyramiden:* (Insider Tipp) hochragenden, roten Moränentürmen mit massivem Deckstein vor der Felskulisse des Schlern. Genüssliches am Weg: bäuerliche Buschenschänken in Sig-

Im Rosengartengebiet befindet sich Kaiserin Sissis Lieblingsspazierweg

nat mit besonders im Herbst beliebten Törggelehöfen. Auskunft erteilt der *Tourismusverein, 39054 Ritten, Tel. 04 71 35 61 00, Fax 04 71 35 67 99, www.ritten.com.*

Insider Tipp

Rosengartengebiet [122 C5–6]
Von Bozen mit Linienbus oder Pkw 45 Minuten über die wildromantische Dolomitenstraße durchs Eggental nach *Welschnofen* (1182 m). ★ Rosengarten: Eine der eindrucksvollsten Wanderungen führt über die Paolinahütte (Sessellift) auf leichtem Bergsteig zur Kölner Hütte (2340 m). Abstieg über Frommerjoch zur Moseralm und zurück zur Talstation. Am Karerpass liegt die einstige Sommerfrische der Kaiserin Sissi mit gekennzeichnetem Lieblingsweg. Ein Halt lohnt sich am farbenprächtigen ★ Karersee. Der Sage nach hat eine Nixe den Regenbogen am Seegrund festgebunden und so die herrlichen Farben verursacht.

Abstecher empfehlen sich nach *Deutschnofen, Petersberg* und zur Wallfahrtskirche *Maria Weißenstein* mit großer Sammlung von Votivbildern. Vom Karerpass über den Nigerpass und durch das Tierser Tal weiter bis ins Eisacktal führt eine Straße, die eine beschauliche Variante zum Betrieb auf der Dolomitenstraße darstellt. Das *Tierser Tal* (Tiers, 1025 m) ist ein unter Kennern beliebtes Wander- und Feriengebiet. Auskunft erteilt der *Tourismusverein Rosengarten-Latemar, 39050 Birchabruck, Tel. 04 71 61 03 10, Fax 04 71 61 03 17, www.rosengarten-latemar.com.*

Salten [121 E3–4]

Insider Tipp

Der Höhenzug (1000–1500 m) zwischen Talfer und Etsch erschließt sich leicht mit der Seilbahn vom Nordrand Bozens nach *Jenesien* (1080 m); herrlicher Blick auf die Dolomiten und das Überetsch. Viele Wander- und Reitmöglichkeiten über Bergwiesen mit lichten Lärchenbeständen. Die beliebteste Route ist die zur *Langfenn* mit malerischer Kirche (1525 m). Hier sind die kleinen Haflingerpferde zu Hause, die man im Spätherbst herdenweise antreffen kann. Übernachten und essen können Sie im Insider Tipp Dorf Jenesien im *Gasthof Schönblick* (*Do geschl., 26 Zi., Pichl 15, Tel. 04 71 35 41 27,* €). *Tourismusverein, 39050 Jenesien, Tel. 04 71 35 41 96, www.jenesien.net*

Sarntal **[121 F2–4]**

Zum Hauptort Sarnthein (970 m), 20 km von Bozen, geht es durch die wildromantische Talferschlucht. Hinter Sarnthein gabelt sich das lange Sarntal in das *Durnholzer Tal* mit dem gleichnamigen Bergsee am Talschluss und der romanischen Nikolauskirche mit hochwertigen gotischen Fresken. Der andere Ast des Tales, das *Penser Tal,* bietet über das Penser Joch (2214 m) eine alpine Fahrtvariante nach Sterzing (im Winter geschlossen). Das Sarntal ist als Sommerfrische und Wintersportgebiet (Reinswald, dort auch ein Latschenkiefer-Kneipp-Bad) beliebt, aber trotzdem noch stark bäuerlich geprägt. Die Sarner tragen heute noch großteils zum sonntäglichen Kirchgang die Tracht.

Eine schöne Wanderung führt vom Bergweiler Putzen (1600 m) zum Auenjoch und weiter zu den *Stoanernen Mandln*, einem Insider Tipp (wie man sagt) alten Hexentreffpunkt (3 Std.). Tipp für Feinschmecker: *Gasthof-Pension Bad Schörgau* in Putzen (*Mo geschl., 22 Zi., 5 Suiten, Bad Schörgau 24, Tel. 04 71 62 30 48,* €€€). Auskunft erteilt der *Tourismusverein, 39058 Sarnthein, Tel. 04 71 62 30 91, Fax 04 71 62 23 50, www.sarntal.com.*

Kirchgang in Sarntaler Festtagstracht

Schlerngebiet **[122 B–C 4–5]**

Der Schlern mit seiner markanten Gestalt ist ein Südtiroler Symbolberg und der Hausberg dieser ausgedehnten Mittelgebirgslandschaft nördlich von Bozen. Die Straße von Blumau erschließt beliebte Sommerfrischen wie Völs, Seis, Kastelruth, aber auch den Naturpark Schlern und führt am spätmittelalterlichen *Schloss Prösels* vorbei. Herrliche Wander- und Skimöglichkeiten gibt es auf der ★ *Seiser Alm*, der größten Hochalm Europas. Ideal ist dieses Gebiet für Kinder und Spaziergänger. Freunde alter Heilmethoden schlüpfen hier zur Schwitzkur ins frisch gemähte Insider Tipp Berggras, z. B. im Gasthof *Völser Heubad* (*Schlernstr. 13, Völs, Tel. 04 71 72 50 20, Fax 04 71 72 54 25,* €€). Für Gourmets: das Restaurant im *Romantik Hotel Turm, (43 Zi., Völs, Tel. 04 71 72 50 14, Fax 04 71 72 54 74, €€€).* An warmen Sommertagen lockt der Völser Weiher zum Baden. Auskunft: *Tourismusverband Seiser Alm–Schlerngebiet, Rosengartenstr. 2, 39040 Seis, Tel. 04 71 70 41 22, Fax 04 71 70 41 99, www.schlerngebiet.com*

BRIXEN (BRESSANONE)

Karte in der hinteren Umschlagklappe

[114 C6] Auch für den Hauptort des Eisacktals (540 m; 18 000 Ew.) gilt: Der Blick von der Autobahn ist zu wenig. Aber er zeigt immerhin gleich, was Brixen fast 1000 Jahre lang am meisten geprägt hat: fürstbischöfliche Herrschaft. Die beiden gewaltigen gelben Türme des Doms beherrschen noch heute das Stadtbild, und der Dombezirk mit der Bischofsburg und dem Priesterseminar sprengt fast die kleinstädtischen Dimensionen der Brixner Altstadt. Doch dieses Doppelgesicht eines betriebsamen, eng gerückten Landstädtchens mit fürstlicher Hoheitsgeste macht Brixen gleichzeitig so reizvoll, dass man es gut zum Urlaubsschwerpunkt machen kann: entweder in Brixen selbst wohnend oder bei einigen Brixner Stadtspaziergängen. Die sollten durch die Großen und Kleinen Lauben führen.

SEHENSWERTES

Dom, Kreuzgang, alter Friedhof

Die 1000-jährige Geschichte des Brixner Münsters ist durch den vollständigen Neubau der Domkirche von 1745/55 barock überlagert, das freilich glanzvoll: Alle großen Tiroler Meister haben mitgewirkt, am meisten der Pustertaler Paul Troger (1698–1762) als Freskant. Die bedeutsamste Epoche der Brixner Kirchenbaugeschichte wird im Kreuzgang südlich des Doms sichtbar: Das umfangreichste gotische Freskenensemble Tirols, das sorgsam restauriert worden ist – eine Bilderbibel in 15 Arkaden, etwa zwischen 1390 und 1510 von Meistern der Region geschaffen. Zwischen dem Dom und der gotisch-barocken Pfarrkirche lohnt ein Blick auf den alten Friedhof, wo der Gedenkstein angebracht ist, den sich der selbstbewusste Ritter und Minnesänger Oswald von Wolkenstein (1377–1445) 1408 zu Lebzeiten setzen ließ *(Dom und Kreuzgang tgl. 9–12, 15–18 Uhr).*

Insider Tipp

Auf dem Domplatz und im Kircheninneren gibt es Bronzearbeiten des zeitgenössischen Brixner Künstlers Martin Rainer zu entdecken. Beachtenswert: der Brunnen, ein Bronzekreuz auf dem Volksaltar und das Grabmal für den 1991 verstorbenen Bischof Gargitter.

Insider Tipp

Hofburg mit Diözesanmuseum und Herrengarten

★ In mehreren Baustufen, zuletzt als hochbarocker Repräsentationsbau unter Fürstbischof Künigl, ist die Hofburg mit ihren über 70 Räumen eine glänzend aufbereitete Dokumentation von Kunst und Geschichte des geistlichen Fürstentums Brixen, überdies eine bedeutende Sammlung religiöser Kunst im Alpenraum. Besonderheiten sind der rekonstruierte Herrengarten sowie die Sammlung von 10 000 Krippenfiguren und ihren

Szenerien vom Barock bis ins 20. Jh. *März–Okt. Di–So 10–17 Uhr, Krippensammlung Dez.–Jan. tgl. 14–17 Uhr (24. u. 25. Dez. geschl.), Eintritt 3,50 Euro*

ESSEN & TRINKEN

Hotel Dominik (Relais & Châteaux)
Das Hotel mit gutem Restaurant liegt zentrumsnah, aber ruhig beim Zusammenfluss von Rienz und Eisack. *36 Zi., Unterdrittlgasse 13, Tel. 04 72 83 01 44, Fax 04 72 83 65 54, €€€*

Insider Tipp **Fink**
Familienbetrieb des Volkskundlers Hans Fink, der mit der Rückbesinnung auf die Tiroler Küchentradition begonnen hat. *Di-abend und Mi geschl., Kleine Lauben 4, Tel. 04 72 83 48 83, €€*

Finsterwirt
Südtiroler Atmosphäre, bürgerlich und künstlerisch, Weinstube seit dem 17. Jh. Serviert werden lukullische Kleinigkeiten. Mitten in der Altstadt. *So-abend und Mo geschl., Domgasse 3, Tel. 04 72 83 53 43, €€*

ÜBERNACHTEN

Brückenwirt
Guter, schön gelegener alter Gasthof außerhalb von Brixen in Vahrn nahe dem Kloster Neustift. *14 Zi., Stiftsstr. 2, Tel. 04 72 83 66 92, Fax 04 72 83 75 87, €€*

Elephant
Historisches Hotel mit traditionell guter Küche und allem Komfort; benannt nach jenem indischen Elefanten, der 1551 auf dem Weg von Venedig nach Augsburg in Brixen Gast war und im Kirchlein von Klerant künstlerisch verewigt ist. Das Hotel beherbergte zu allen Zeiten eine Vielzahl berühmter Gäste. *44 Zi., Weißlahnstr. 4, Tel. 04 72 83 27 50, Fax 04 72 83 65 79, €€€*

AM ABEND

Anreiterkeller
Theater, Kabarett u. a. Kleinkunst, Jazz. *Obere Schutzengelgasse 3, Tel. 04 72 83 63 93*

Max
Großdisko am westlichen Stadtrand. *Mi, Fr, Sa 22–3 Uhr, Fischzuchtweg 30*

AUSKUNFT

Tourismusverein Brixen
Bahnhofstr. 9, 39042 Brixen, Tel. 04 72 83 64 01, Fax 04 72 83 60 67, www.brixen.org

Tourismusverband Eisacktal
Großer Graben 26 a, 39042 Brixen, Tel. 04 72 80 22 32, Fax 04 72 80 13 15, www.eisacktal.info

ZIELE IN DER UMGEBUNG

Lüsener Tal [115 D–E 5–6]
Auf 13 km von Brixen bis Lüsen Dorf durchfährt man alle Vegetationsstufen »von der Traube bis zum Zirbelzapfen«. Das Tal bietet freilich nicht viele Sensationen, dafür aber gute Möglichkeiten zum beschaulichen Wandern, z. B. auf dem Höhenweg über die Lüsner Alm. Auskunft erteilt der *Tourismusverein, 39040 Lüsen, Tel. 04 72 41 37 50.*

Tiroler Sprachspezialitäten

Die Sage vom Lauterfresser und Hexenmeister

Anderswo wäre ein »Lauterfresser« ein Mensch mit unanständig geräuschvollen Tischmanieren. Im Eisacktal verbindet man mit dem Lauterfresser bis heute den Namen des berühmten Hexenmeisters Mathias Perger, dem 1645 der Prozess gemacht worden ist, bevor man ihn verbrannt hat. Seinen Beinamen verdankte er einer Vorliebe für »lautere« (flüssige) Nahrung: Angeblich waren ihm bei der Folter die Zähne eingeschlagen worden. Seine Zauberkräfte hatte ihm ein Teufelspakt eingetragen: Er konnte Wetter machen, Mäuse und Ratten herzaubern, Heufuder umwerfen, aber dass er sich vor alten Weibern und dem Schloss Rodenegg hüten solle, hat er nicht beherzigt. Ein altes Weib zeigte ihn an, auf Rodenegg wurde er abgeurteilt.

Neustift [114 C5–6]

Nur einen Spazierweg weit (der sich bis auf die sonnige Hochfläche von Natz-Schabs fortsetzen lässt) ist das *Kloster Neustift* von Brixen entfernt. Ein Ort für Kunstkenner und Weingenießer: Zunächst empfiehlt sich ein Besuch der barocken Stiftskirche mit Fresken des aus dem heutigen Bayern gebürtigen Meisters der Rokokomalerei Matthäus Günther (1705 bis 1788), des Kreuzgangs und des Innenhofs mit Wunderbrunnen (Darstellung der Weltwunder). Oswald von Wolkenstein ist hier begraben.

Zu besichtigen sind auch die romanische *Michaelskapelle*, die Gemäldegalerie mit gotischen Tafelbildern und der spätbarocke Bibliothekssaal mit unschätzbaren Inkunabeln und Frühdrucken, desgleichen der gotische Kreuzgang mit seinen Fresken sowie die Pinakothek mit Tafelbildern aus Neustifter Kirchenbesitz. Der abschließende Besuch im Weinkeller ist zu empfehlen, wo es die Eisacktaler Weißweine in bekannt guter Qualität zu kosten und zu kaufen gibt. *Führungen Mo–Sa 10, 11, 14, 15, 16 Uhr, im Sommer zusätzliche Führungen 12 und 13 Uhr, Eintritt 4,50 Euro, Reservierung für Gruppen erbeten, Auskunft Tel. 04 72 83 61 89*

Insider Tipp

Schloss Rodenegg [115 D5]

Das Schloss liegt zwischen Brixen und Mühlbach auf einer Porphyrnase über der Rienzschlucht. Seit 1491 im Besitz der Familie Wolkenstein, im 16. Jh. im Stil der Spätrenaissance ausgestaltet, berühmt vor allem wegen des erst 1973 entdeckten romanischen Freskenzyklus zum Iwein-Epos: das früheste Beispiel höfischprofaner Wandmalerei in Europa überhaupt. *Besichtigung nur im Rahmen einer Führung möglich, Mitte Mai–Mitte Okt. Di–So 11 und 15 Uhr, Gruppenführungen nach Vereinbarung, Eintritt 4 Euro, Tel. 04 72 45 40 56*

KLAUSEN (CHIUSA)

[122 C2] Das mittelalterliche Städtchen (520 m, 4000 Ew.) an einer Engstelle der Brennerstraße, 15 km südlich von Brixen, bietet mit den höher gelegenen Dörfern ringsum (Villanders, Latzfons, Gufidaun, Lajen) viele Ausflugsideen an: Höhe(n)punkte des Eisacktaler Landschaftserlebnisses (wie z. B. auf der Mittelgebirgslehne zwischen Villanders und Barbian), Tal- und Bergblicke von großer Eindrücklichkeit (Villnöß), kulturgeschichtliche Schwerpunkte *(Kloster Säben, Trostburg)* – und das Eisackstädtchen selbst.

Seinem Reiz hat das Eingezwängtsein wenig anhaben können, dafür ist man umso rascher durch die lange Hauptgasse geschlendert bis zur spätgotischen *Andreaskirche* mit zahlreichen Skulpturen des 15. bis 17. Jhs. sowie barocken Altarbildern. Der größte Kunstschatz Klausens, der *Loretoschatz*, der auf einer Stiftung des spanischen Königspaars Ende des 17. Jhs. beruht, ist im Stadtmuseum im ehemaligen Kapuzinerkloster zu sehen *(März–Nov. Di–Sa 10–12, 16–19 Uhr, Eintritt 3 Euro)*.

Etwas mühsam, aber lohnend ist der Aufstieg von Klausen zum *Benediktinerinnenkloster Säben (tgl. 8–17 Uhr, Eintritt frei)*. Der Burgfelsen hat zahlreiche wichtige Funde aus spätrömischer und frühchristlicher Zeit freigegeben. Geistlicher Mittelpunkt des Landes vom 6. bis 10. Jh., ist Säben heute vor allem ein eindrucksvoller Schauinsland mit vier Kirchen (kurios das theatralische Bildprogramm in der Heilig-Kreuz-Kirche). Von hier aus besteht die Möglichkeit eines zauberhaften Weiterwegs hinauf zum Weiler *Pardell* mit seiner köstlich-trutzigen Kapelleninschrift. Gelegenheit zur Törggele-Einkehr mit altmodischem Charme bietet der *Gasthof Huber (Mo geschl., Tel. 04 72 85 54 79, €)* in Pardell.

Auskunft: Tourismusverein Klausen, 39043 Klausen, Tel. 04 72 84 74 24, Fax 04 72 84 72 44

ZIELE IN DER UMGEBUNG

Barbian–Dreikirchen–Villanders [122 B2–3]

Eine Fülle schöner Tief- und Ausblicke bieten Wanderungen auf diesem Balkon des unteren Eisacktals: Von *Barbian* (830 m) in südlicher Richtung führt eine kleine Straße zum Weiler *Saubach* an der Grenze zum Ritten, wo im Kirchlein mit dem unveränderten gotischen Kirchenraum drei Flügelaltäre zu sehen sind.

Von Barbian führt ein Spaziergang bergan in die kostbare Stille des früheren *Heilbades Dreikirchen* (1120 m), wo man es beim Kirchtürmezählen erstaunlich weit bringen kann. Die drei Kirchen des alten Waldheiligtums sind kunstvoll ineinander verschachtelt, und auch sonst ist Dreikirchen mit seinen architektonisch bedeutenden Sommerfrischvillen ein interessanter Platz. Ein Stück Fremdenverkehrsgeschichte: die im Bauhausstil errichtete Pension Briol. Hier ist die Zeit seit 70 Jahren stehen geblieben.

Villanders (880 m) mit seinen edelsitzartigen Bauernhöfen, dem pittoresken Ortskern (verewigt in Tiroler Historienbildern von Franz von Defregger) und einem der schönsten Friedhöfe des Landes

reicht über alle Vegetationszonen von südlich-mild bis alpin. Eine prachtvolle Höhenwanderung ist der Rundweg über die Villanderer Alm.

Auskunft erteilen die *Tourismusvereine: 39040 Barbian, Tel. 04 71 65 44 11,* und *39040 Villanders, Tel. 04 72 84 31 21*

Feldthurns **[122 C2]**

Auf der Mittelgebirgsterrasse (850 m) zwischen Brixen und Klausen bietet die Gegend Pfeffersberg eine Wanderlandschaft von großem Reiz: die *Tschötscher Heide* mit ihren vieldeutigen Felsbildern, malerischen Wegen und Kastanienriesen. In Feldthurns selbst ist das

Insider Tipp *Schloss Velthurns (Führungen März–Nov. Di–So 10, 11, 14.30 und 15.30 Uhr, Eintritt 3 Euro),* Sommerresidenz der Brixner Fürstbischöfe seit 1578 bis Anfang des 19. Jhs., neuerdings sorgsam restauriert und mit seinen reich geschnitzten Täfelungen und Kassettendecken ein Höhepunkt der Wohnkultur der Hochrenaissance.

Auskunft erteilt der *Tourismusverein, 39040 Feldthurns, Tel. 04 72 85 52 90.*

Gufidaun **[122 C2]**

In Gufidaun (534 Ew.) hat man Brixen und Klausen gleichzeitig im Blick, an diesem Lieblingsaufenthalt gelehrter Spätromantiker. Im reizvollen *Schloss Summersberg* mit seinem runden »Hexenturm« wurde gezecht und geforscht, Letzteres vor allem über den Minnesänger Walther von der Vogelweide, für dessen Herkunft von den Vogelweiderhöfen im nahen (und besuchenswerten) *Lajener Ried* einige Argumente sprechen. Ein Platz für Romantiker ist das Gerichtsschreiberhaus aus dem 17. Jh. mit seinen schönen Stuben: der *Turmwirt (Do, Fr mittags geschl., Tel. 04 72 84 40 01, €€).* Ebenfalls zu empfehlen ist der Gasthof *Unterwirt (Di, Mi geschl., Tel. 04 72 84 40 00, €€).* Auskunft erteilt der *Tourismusverein Klausen.*

Trostburg **[122 B3]**

Von Waidbruck an der Abzweigung nach Gröden führt ein uralter Pflasterweg zur Trostburg, Stammschloss Oswalds von Wolkenstein. Durch die Erweiterung im späten 16. Jh. hat die aus dem 12. Jh. stammende Trostburg ihr prachtvolles Aussehen erhalten, das sie bis heute bewahren konnte *(Besichtigung nur mit Führung Ostern bis Okt. Di–So 11, 14 und 15 Uhr, Eintritt 4,50 Euro).* Am Wege bietet das Restaurant *Ansitz Fonteklaus (Lajen-Freins, Ostern–Okt. Do geschl., Tel. 04 71 65 56 54, €€)* feine Küche mit Aussicht.

Villnößtal **[122–123 C–D2]**

★ Nördlich von Klausen zweigt das 24 km lange Seitental vom Eisacktal ab und verlockt, mehr noch als zum Befahren (Linienbus), zum Erwandern, etwa auf dem eindrucksvollen Wanderweg über *Teis,* die sagenträchtige *Flur von Miglanz, St. Valentin* in Pardell (kostbare gotische Kirche mit Flügelaltar) zum Hauptort *St. Peter* (1150 m). Ein guter Stützpunkt für Wanderungen und Hochtouren im Talschluss ist *St. Magdalena.* Leicht erreichbar von hier sind Zanser, Gschnagenhart- und Glatsch-Alm: Stützpunkte für genussreiche Wanderungen und anspruchsvolle Touren im Banne der gewaltigen Geisler-Wände. Hier hat der Extrembergsteiger Reinhold Messner seine ersten Kletterversuche unternommen.

Geradezu ein Symbol für die dem Villnößtal immer noch zu attestierende Ruhe ist die *Kirche St. Johann.* Empfehlenswert: *Ranuimüllerhof (26 Zi, St. Magdalena, Tel. 04 72 84 01 82, €).* Auskunft erteilt der *Tourismusverein Villnöß, Tel. 04 72 84 01 80, Fax 04 72 84 03 12, www.villnoess.com*

STERZING (VIPITENO)

[114 A3] Wipptal heißt das obere Eisacktal zwischen Franzensfeste und der 1918 gesetzten Staatsgrenze am Brenner, der übrigens nie Tiroler Landesgrenze war. Der große Urlauberstrom nimmt das Tal als Ferienlandschaft kaum zur Kenntnis. Das ist ein Fehler, nicht nur wegen des Hauptorts Sterzing. Der mittelalterliche »Bergsegen« aus dem Pflerschtal und Ridnauntal, vor allem das reichlich geförderte Silber, begründete den Wohlstand des Fuggerstädtchens (950 m; 6000 Ew.).

Ein Gang längs der Nord-Süd-Achse der Altstadt (die allerdings Neustadt heißt) mit ihren zinnengeschmückten Bürgerhäusern (reichlich mit Geschäften bestückt) ist am schönsten nach Geschäftsschluss, wenn Sterzing wieder sein eigenes Flair hat. Gerade deshalb lohnt sich ein Aufenthalt mit Muße und Gestimmtheit zum Schauen. Werfen Sie unbedingt einen Blick in die *Hl.-Geist-Spitalkirche* mit ihren spätgotischen Fresken.

SEHENSWERTES

Pfarrkirche Zu Unserer Lieben Frau im Moos

Die südlich der Stadt gelegene Kirche ist ein imposantes Beispiel Tiroler Hallengotik. *Tgl. 9–19 Uhr*

Rathaus

Das spätgotische Rathaus mit holzvertäfeltem Sitzungsaal sowie schönem Innenhof enthält eine Kunstsammlung. *Mo–Do 8–12.30 und 17–18 Uhr, Fr nur vormittags*

Schloss Reifenstein

Eines der ältesten Schlösser Südtirols, beinah im Originalzustand erhalten. Besichtigung nur mit Führung: *Di–Do, Sa/So 9.30, 10.30, 14 und 15 Uhr, Mo, Fr nur nachmittags, Eintritt 3,50 Euro*

MUSEUM

Stadtmuseum und Multschermuseum

Am südlichen Stadtrand nahe der Pfarrkirche im Deutschordenshaus. Es verwahrt Materialien zur Stadtgeschichte und Teile des spätgotischen Flügelaltars von Hans Multscher. *Di–Fr 10–12, 14–17, Eintritt 1,50 Euro, Deutschhausstr. 11*

ESSEN & TRINKEN ÜBERNACHTEN

Schwarzer Adler

Traditionsreiches Haus mit gutem Restaurant *(Di geschl.). 35 Zi., Stadtplatz 1, Tel. 04 72 76 40 64, Fax 04 72 76 65 22, €€*

Stafler

Romantikhotel mit gutem Restaurant, die traditionelle Eisacktaler

Küche serviert *(Mi geschl.)*, Hallenbad, Sauna und Tennisanlage in Mauls. *38 Zi., Tel. 04 72 77 11 36, Fax 04 72 77 10 94, €€*

AM ABEND

Sterzings neuer Intreff ist die Disko *Derby-Club* in der Nähe der Autobahnausfahrt *(So–Di, Do, So geschl., Penser-Joch-Str. 1)*

AUSKUNFT

Tourismusverein

Stadtplatz 3, 39042 Sterzing, Tel. 04 72 76 53 25, Fax 04 72 76 54 41, www.sterzing.it

ZIELE IN DER UMGEBUNG

Gossensaß **[114 A2]**

Gossensaß (35 km bis Sterzing, 1100 m) wie auch das nahe dem Pass gelegene Brennerbad waren im 19. Jh. berühmte Kurorte. Gossensaß war beispielsweise Henrik Ibsens Lieblingsaufenthalt. Die *Barbarakapelle* am Friedhof (mit dem Schmuckstück ihres Flügelaltars) weist auf die Bergwerkstradition im nahen Pflerschtal hin, in das hinein die Brennerbahn (1867 eröffnet) eine lange Schleife zur Überwindung des Höhenunterschieds zieht, die bis auf 4 km an die Gletscher heranreicht.

Das *Pflerschtal* ist als grenznahes Skigebiet (wie übrigens die gesamte Umgebung Sterzings) beliebt, aber gegenwärtig noch nicht überlaufen. Gleiches gilt für das *Pfitschtal* mit seinen ruhigen Touren und Loipen. Feine Bauernkost gibt's im Restaurant *Pretzhof* in Wiesen *(Mo und Di geschl., Tel. und Fax 04 72 76 44 55, €€)*. Auskunft erteilt der *Tourismusverein, 39040 Gossensaß, Tel. 04 72 63 23 72, Fax 04 72 63 25 80*

Ratschingstal **[113 E–F3]**

Die bekannteste Attraktion des Hochtals mit vielen Tourenvarianten liegt nahe der Ortschaft Stange: die *Gilfenklamm* im weiß-schwarzen Marmor über dem wild tosenden Ratschingser Bach, zwischen Ostern und November gefahrlos zu begehen über Stege und Brücken. Auskunft: *Tourismusverein, 39040 Ratschings, Tel. 04 72 70 66 08, Fax 04 72 76 06 16, www.ratschings.info*

Insider Tipp

Ridnauntal **[113 E–F2]**

Ebenfalls ein angenehm ruhiges, bis ins Hochalpine reichendes Wander- und Tourengebiet an der Südflanke der Stubaier Alpen. Im äußeren Mareiter Tal das prächtige *Barockschloss Wolfsthurn (Jagdmuseum, April–Nov. Di–Sa 9.30–17.30, So 13–17 Uhr, Eintritt 3,60 Euro)*; dahinter das eigentliche Ridnauntal bis Maiern, wo die Anlagen des ehemals bedeutenden Erzabbaus (neben Silber auch Zinkblende und Bleiglanz) auf 2500 m Höhe Teil des neuen *Südtiroler Bergbaumuseums* sind. Es bietet einen guten Einblick in die Geschichte des Bergbaus. Wandern können Sie auf den Wegen für die Erzbringung, durch Stollen und Abbauten bis zur ehemaligen Knappensiedlung *St. Martin* (2685 m). Das Bergbaumuseum bietet drei verschiedene Erlebnistouren mit einer Dauer von 3 bis 8 Stunden an *(Mitte April–Okt., Kosten zwischen 8 und 31 Euro, Information und Anmeldung Tel. 04 72 65 63 64)*.

Insider Tipp

Insider Tipp

Alpenkamm und Sextener Dolomiten

Die gebirgsnahe Lage macht das Pustertal im Sommer und Winter zu einem beliebten Feriengebiet

Auch für das waldgrüne Pustertal gilt: Schönheit und Charakteristik erschließen sich erst so richtig von den Aussichtsbalkonen der Hanglagen und in den Seitentälern. Besser als auf dem Talgrund, der von einem bedeutenden und sehr alten Fernhandelsweg durchzogen wird, zeigt sich dort auch die geografische Lage des Pustertals zwischen den Gletscherbergen des Alpenhauptkamms und den Kalkformationen der Dolomiten.

Von der Pustertaler Eingangspforte bei der Klause von Mühlbach auf knapp 800 m bis auf 1200 m bei der Staatsgrenze bei Innichen liegt der gesamte Talverlauf von ca. 80 km Länge bereits oberhalb der Weingrenze. Die Temperaturwerte zeigen große Schwankungen und zeichnen das klimatische Gesicht des Pustertals eher herb. Die Ferienlandschaft ist daher besonders als Sommerfrische und Wintersportgebiet beliebt.

Wer das Wanderparadies Pustertal aber gern für sich allein haben will, wird es gerade im Frühjahr und Herbst erlebenswert finden, wird den Menschen näher kommen und die Eigenständigkeit der Landschaft besser spüren. Sie beruht vor allem auf zweierlei Prägungen: zum einen auf dem Beharrungsvermögen des bäuerlichen Mittelbesitzes mit seinen wertvollen Waldrechten und der Struktur des geschlossenen Hofes, durch den die Kontinuität des Besitzes über die Jahrhunderte hin gesichert ist, und zum anderen auf der Lagebeziehung zum Osten durch die Drau, die am Toblacher Feld entspringt und mit der Donau auf das Schwarze Meer zufließt, während der andere Pusterer Fluss, die Rienz, gegen Westen gerichtet ist und über Eisack und Etsch zur Adria weist.

Typischer Bauernhof im Pustertal

Nördlich von Bruneck erhebt sich auf hohem Felsen die majestätische Burg Taufers

Festgefügt und markant ist auch der bayerische Einfluss in der Agilolfingergründung des *Stifts Innichen* (769), dessen Sinnbild, der Innichner »Dom«, das größte romanische Bauwerk Deutschtirols genannt wird. Pusterer Eigenständigkeit drückt sich auch in der Bischofsburg von Bruneck aus, deren Erbauer Bruno zwar Brixner Bischof war, aber der Stadt seinen Namen und dem bischöflichen Amtmann für das Pustertal einen höchst herrschaftlichen Sitz gegeben hat.

BRUNECK (BRUNICO)

Karte in der hinteren Umschlagklappe

[116 A6] ★ Der Hauptort (835 m, 12 500 Ew.) des Pustertals ist nach Lage und Bedeutung ein idealer Stützpunkt für Erkundungsfahrten gegen Norden (Ahrntal), Westen (Unterpustertal), Osten (Oberpustertal) und Süden (Gadertal/Ladinien). Auf der West-Ost-Achse bietet sich als Verkehrsmittel dazu auch die Bahn an, in alle Richtungen gibt es von Bruneck Linienbusse.

Aber auch wer sein Ferienquartier in der ländlichen Umgebung Brunecks oder auf einem der im Pustertal besonders stattlichen Bauernhöfe nimmt, ist Bruneck einen Besuch schuldig, und sei es auch nur, um das Rienzstädtchen mit offenen Augen zu durchbummeln.

Man könnte am Graben beginnen und nach Westen gehen, einen Blick in die *Ursulinenkirche* werfen und dort sehen, wie eindrucksvoll eine gotische Kirche, nur mit wenigen hochwertigen alten und neuen Stücken ausgestattet, sein kann. Durch das Ursulinentor geht es dann in die *Stadtgasse,* deren Häuserzeilen aus dem 15. und 16. Jh. sie zum »Festsaal« der Stadt machen. Das Haus Nr. 29 der Stadtgasse war das Wohnhaus des Künstlers Michael Pacher. Auch die Häuser Nr. 23 und 16 mit ihren Fassadenmalereien sind anschauenswert.

Weiter gegen Osten spazierend, kommen Sie durch das Oberragener Tor in die schon außerhalb der Stadtbefestigung gelegene »Oberstadt«, die ländlich geprägt ist und ihren wichtigsten Akzent durch den *Ansitz Sternbach* und die *Mariensäule* davor erhält.

Beim Weiterspazieren setzt sich die neuromanische *Pfarrkirche* historisierend in Szene. Bemerkenswert sind die Ansitze nächst der Pfarrkirche, wovon das *Ragenhaus* zum viel besuchten Kulturtreffpunkt umgestaltet worden ist. Der Weg geht weiter hinauf zur *Bischofsburg* – im Sommer Sitz einer internationalen Ferienakademie.

MUSEUM

Volkskundemuseum

★ Das wichtigste Museum der Brunecker Gegend liegt in Dietenheim. Wenn Sie es zu Fuß von Bruneck her ansteuern, kommen Sie an dem kunsthistorisch hoch bedeutenden *Bildstock* mit stilbildenden Fresken des Hans von Bruneck (um 1430) vorbei und werden allmählich eingestimmt auf den Liebreiz des Dorfs Dietenheim mit Pfarrkirche und schönem Friedhof und mit all seinen Edelsitzen, von denen einer, der Ansitz *Mair am Hof,* inzwischen Sitz des *Volkskundemuseums* ist. Bemerkenswert sind aber nicht nur die Sammlungen dort, sondern das große Freigelände mit mehreren hierher »verpflanzten«, urtümlichen Bauernhäusern sowie vielen Schaustücken zur Geschichte von Geräten und Maschinen. *Mitte April–Okt. Di–Sa 9.30–17.30 Uhr, So und feiertags 14–18 Uhr, Eintritt 3,60 Euro, Familienermäßigung*

ESSEN & TRINKEN

Gasthaus Oberraut
Im Weiler Amaten, hoch über Bruneck, wird in den gepflegten Stuben hervorragende Pustertaler Bauernkost mit einem Hauch Raffinesse serviert. *Do geschl., Amaten 1, Tel. 04 74 55 99 77,* €

Schöneck in Mühlen bei Pfalzen
Edle Regionalküche, durch Qualität in Küche und Weinkeller den Abstecher wert. *Mo und Di mittags geschl., Schloss-Schöneck-Str. 11, Tel. 04 74 56 55 50,* €€€

Weißes Lamm in Bruneck Insider Tipp
Schon der Atmosphäre wegen ist das Lamm mit der alten Künstlerstube im 1. Stock einen Besuch wert: Die Andreas-Hofer-Stube beherbergt Gemälde, mit denen Südtiroler Künstler ihre Zeche zahlten. *So geschl., Stuckstr. 5, Tel. 04 74 41 13 50,* €€

ÜBERNACHTEN

Goldene Rose
Hotel garni mit einem mittelalterlichen Turm in zentraler Lage. *21 Zi., Am Graben 36 b, Tel. 04 74 41 30 00, Fax 04 74 41 30 99, www.royal-hinterhuber.com,* €€

MARCO POLO Highlights »Pustertal«

★ **Innichner »Dom«**
Bedeutendster romanischer Sakralbau in Südtirol (Seite 47)

★ **Volkskundemuseum**
Die Exponate in Dietenheim geben Aufschluss über die Geschichte von Land und Leuten (Seite 44)

★ **Kirche von St. Sigmund und Schloss Ehrenburg**
Ein kirchliches und ein weltliches Repräsentationsgebäude (Seite 53)

★ **Burg Taufers**
Ein mächtiger Tiroler Wehrbau (Seite 52)

★ **Drei Zinnen**
Felsmonument in den Dolomiten (Seite 48)

★ **Pragser Wildsee**
Ein Erlebnis für Augen und Seele (Seite 49)

★ **Bruneck**
Das Städtchen ist Verkehrs- und Kulturmittelpunkt des Pustertals (Seite 44)

★ **Fischleintal**
Ein Spaziergang durch das Fischleintal präsentiert die besten Seiten der Sextener Bergwelt (Seite 48)

Hotel Royal Hinterhuber
Traditionsreiches Viersternehaus. *90 Zi., Ried 1 a, Tel. 04 74 54 10 00, Fax 04 74 54 80 48, €€€*

FREIZEIT & SPORT

Bruneck und Umgebung bieten reichlich Zerstreuung bei allen gängigen Sportarten, besonders im Sportdorado von *Reischach,* dazu das *Crontour-Skigebiet* am Hausberg Kronplatz mit vielen Lifts und allem, was dazugehört – einschließlich Anschluss an den Skipass Dolomiti Superski. Crontour bietet auch geführte Bergtouren an.

AM ABEND

Im *Stadttheater (Dantestr. 21, Tel. 04 74 53 05 05)* treffen sich natürlich vor allem Theaterfans. Ein abendlicher Treffpunkt ist auch der Pub *Puka-Naka* in der Florianigasse.

AUSKUNFT

Tourismusverband Ferienregion Kronplatz
Michael-Pacher-Str. 11 a, 39031 Bruneck, Tel. 04 74 55 54 47, Fax 04 74 53 00 18, www.kronplatz.com

HOCHPUSTERTAL

[124–125 A–D 1–2] Das etwa 80 km lange Pustertal wird auf fast dem gesamten Talverlauf von der Rienz begleitet. Das Hochpustertal erstreckt sich östlich von Bruneck bis Toblach nahe der österreichischen Grenze. Über viele Jahrhun-

Reizvolle Fassadenmalereien in der Stadtgasse in Bruneck

derte diente es als wichtige Handelsstraße von Venedig nach Tirol. Die Seitentäler, die sich links und rechts des Pustertals erstrecken, konnten sich ihren bäuerlichen Charakter weitgehend bewahren. Neben der Land- und Forstwirtschaft leben die Bewohner des Tals und seiner Umgebung zu einem großen Teil vom Tourismus.

ZIELE IM HOCHPUSTERTAL

Antholzer Tal [116 B–C 4–6]

Dieses Tal erstreckt sich nördlich von Olang ca. 20 km weit in nordöstlicher Richtung und stellt über den Stallersattel (2050 m) eine sommerliche Passverbindung mit dem österreichischen Defereggental her. Es ist eine noch recht stille, wald- und wildreiche Sommerfrische; gute winterliche Schneeverhältnisse haben das Tal zu einem beliebten Langlaufgebiet und zum Austragungsort für Biathlon-Wettbewerbe gemacht.

Der verträumte *Antholzer See* kann auf einem Spaziergang umrundet werden. Das geschützte Biotop von *Rasen-Antholz* (1100 m) ist eines der rar gewordenen alpinen Hochmoore mit äußerst seltenen Pflanzengemeinschaften. Wenig weiter taleinwärts bot einst das alte »Weiberbad« *Bad Salomonsbrunn* mit einer radonhaltigen Quelle Heilung für vielerlei Beschwerden. Einkehren kann man im schönen Kur- und Gastbetrieb *Bad Salomonsbrunn (Do geschl., Niedertal 1, Antholz-Niedertal, Tel. 04 74 49 21 99, €€).*

Herrschaftlich (und zugleich wegen der kostbaren Renaissancetäfelung kunsthistorisch bedeutsam) ist das Wohnen und Speisen im *Ansitz Heufler (8 Zi., Restaurant Di geschl., Oberrasen 37, Rasen-Antholz, Tel. 04 74 49 85 82, Fax 04 74 49 80 46, €€).*

Auskunft erteilen: *Tourismusvereine 39030 Rasen (Tel. 04 74 49 62 69, Fax 04 74 49 80 99) und 39030 Antholz (Tel. 04 74 49 21 16, Fax 04 74 49 23 70)*

Gsieser Tal [117 D6]

Von ähnlicher Ursprünglichkeit und sanfter Modellierung wie das Antholzer Tal ist das bei Welsberg nach Norden abzweigende Gsieser Tal (27 km bis zum Gsieser Törl in 2200 m Höhe). Die behäbigen Paarhöfe (etliche, z. B. der *Blaslerhof in St. Martin, 2 Zi., 8 Wohnungen, Tel. 04 74 97 84 40, €,* beherbergen Gäste aufs Angenehmste) sind Blickfänge auf vielen Spazierwegen. Immer im Januar findet der *Gnieser Knödelmarathon* statt, wo Sie nicht nur Ihre Kondition im Langlauf, sondern auch im Knödelessen testen können. Auskunft erteilt der *Tourismusverein, 39030 St. Martin-Gsies, Tel. 04 74 97 84 36.*

Innichen [125 E2]

Das Gebiet dieser Gemeinde (1170 m) reicht bis zur Staatsgrenze bei Winnebach und ist ein Hauptziel für kunst- und sportinteressierte Urlauber. Erstere werden sich vor allem der romanischen Stiftskirche aus dem 13. Jh., dem ★ *Innichner »Dom«,* zuwenden. Anlässlich der 1200-Jahr-Feier Innichens wurde der Komplex restauriert und ist nun der am besten erhaltene romanische Sakralbau Tirols.

Im *Stiftsmuseum (Juni–Okt. Do bis Sa 17–19, So 10–11 Uhr, zusätzliche Öffnungszeiten im Hochsommer, Eintritt 3 Euro)* neben dem Dom dokumentieren Bilder, Skulpturen, Handschriften und Urkunden die prägende kulturelle Wirkung des ältesten Tiroler Stifts.

Sportbegeisterte genießen neben den unzähligen Wandermöglichkeiten das neue Erlebnisbad *Aquafun (Mi–Mo 14–21.30, Sa bis 20.30, So 10.30–20.30 Uhr, Eintritt 8 Euro, Hueberstr., www.aquafun.com)* – mit Rutschbahnen, Saunalandschaft und vielem mehr ein Spaß für die ganze Familie. Immer gut besucht ist auch die *Sommerrodelbahn (Fun-Bob)* am Haunold. Zu Fuß oder per Sessellift erreicht man die Bergstation *(Berg- und Talfahrt 7,50 Euro)*. Ebenfalls zu empfehlen: Fahrradtour nach Lienz in Osttirol. Die Strecke ist 40 km lang und hat 500 m Gefälle. Zurück geht es gemütlich mit der Eisenbahn. Skigebiete im Winter sind Helm (2433 m) und Haunold (2943m). Auskunft: *Tourismusverein, 39038 Innichen, Tel. 04 74 91 31 49, Fax 04 74 91 36 77, www.innichen.it,* oder *Tourismusverband Hochpustertal, Pflegplatz 1, Innichen, Tel. 04 74 91 31 56, Fax 04 74 91 43 61, www.drei-zinnen.info*

Sexten [125 E2]

Das von Innichen nach Südosten zum Kreuzbergpass ziehende Seitental mit dem verwunschenen, Spaziergängern vorbehaltenen ★ *Fischleintal* präsentiert die Bergwelt der Dolomiten besonders eindrucksvoll. Die »Bergsonnenuhr« der Sextener Gipfel (Neuner, Zehnerköfele, Elfer, Zwölfer, Einserkofel) lässt sich zur Zeit der Wintersonnenwende an der Golserbachbrücke zwischen St. Veit und Moos ablesen; das dreifache Felsmal der ★ *Drei Zinnen* (bis 2999 m) und die Abstürze der Dreischusterspitze (3152 m) sind ganzjährig beliebte Fotomotive. Klassische und »wilde« Kletterpartien, aber auch gemäßigte Wanderungen, etwa die Rundwanderung vom Kreuzbergpass zur Nemesalm und zurück, machen Sexten bei vielen Urlaubern beliebt, bei den Skisportlern natürlich besonders (Anschluss an den Skipass Dolomiti).

Sportlich und erlebnisbetont geben sich auch die Sextner Hotels. Vom berühmten Wiener Architekten Clemens Holzmeister wurde das beliebte Hotel *Drei Zinnen* in Moos bei Sexten entworfen *(35 Zi., St.-Josef-Str. 28, Tel. 04 74 71 03 21, Fax 04 74 71 00 92, €€)*.

In der Gemeinde Sexten (1315 m), die übrigens im Ersten Weltkrieg fast völlig zerstört wurde, lebt noch die alte Tradition der Krippenschnitzerei. Die Friedhofsfresken des Südtiroler Malers Rudolf Stolz (1924) und das nach ihm benannte Museum mit weiteren Arbeiten bilden ein kleines künstlerisches Gegengewicht zum Naturerlebnis Sexten. *Öffnungszeiten: Tel. 04 74 71 05 21.* Auskunft: *Tourismusverein, 39030 Sexten, Tel. 04 74 71 03 10, Fax 04 74 71 03 18, www.sexten.it*

Talkessel von Olang [124 A–B 1–2]

Der weite Talkessel von Olang (1024–1083 m) mit der Berggemeinde Geiselsberg ist ein Wintersportdorado mit Anschluss an das Skikarussell des Kronplatzes. Olang ist auch Zwischenstation des Pustertaler Skimarathons (Mitte Januar, von Toblach aus). Im Sommer wirbt Olang mit Reitgelegenheiten (Reiterferien im *Hotel Post, 36 Zi.,*

Die Gemeinde Toblach ist eine erholsame Sommerfrische

Kirchgasse 6, Oberolang, Tel. 04 74 49 61 27, Fax 04 74 49 80 19, €€), mit seiner Sommerweinkost am zweiten Wochenende im August und mit dem Kirchtagsfest von Mitterolang rund um den »Michl« am ersten Septembersonntag. Eine lohnende Wanderung von vielen führt von Olang über die Brunstalm zum Pragser Wildsee (6 Std.). Auskunft erteilt der *Tourismusverein, 39030 Olang, Tel. 04 74 49 62 77, Fax 04 74 49 80 05, www.olang.com.*

Talschaft Prags **[124 B–C2]**

Von Welsberg in südlicher Richtung erschließt die Talschaft von Prags (1218–2000 m) mit der Hochfläche der *Plätzwiese* (1993 m, mit Gasthaus, Kapelle und interessanten Erosions-»Felsbildern« und dem ★ *Pragser Wildsee*, (1495 m) zwei berühmte Landschaftsattraktionen der Dolomiten. Der Rundgang um den See zu Füßen der mächtigen Seekofelmauer ist besonders im Herbst ein schönes Erlebnis.

Im anderen Talast lohnen sich ein Besuch im altgeschätzten *Bad Altprags* (1380 m) und eine Aussichtstour auf den markanten *Dürrenstein* (2840 m), dessen gepriesener Panoramablick die zweistündige Mühe des Aufstiegs leicht aufwiegt.

Auskunft erteilt der *Tourismusverein, 39030 Prags, Tel. und Fax 04 74 74 86 60, www.prags.it.*

Toblach **[125 D2]**

Die 3000-Ew.-Gemeinde Toblach (1243 m, Wasserscheide zwischen Adria und Schwarzem Meer) hatte in Gustav Mahler, der in *Altschluderbach* (Museum und Komponierhäuschen!) unter anderem seine 9. Symphonie komponierte, ihre Sommerfrischeberühmtheit. Der Ort verfügt mit der *St.-Johannes-Pfarrkirche* über eines der homogensten barocken Gotteshäuser des Landes, mit reichen Deckenfresken von F. A. Zeiller (1769) und Altären von Joh. Perger (1774). Hervorragend speist's sich im Restaurant *Winkelkeller (Mi geschl., Graf-Künigl-Str. 8, Tel. 04 74 97 20 22, €€).*

Das *Silvestertal* **[125 D1–2]** nördlich von Toblach erlaubt einsames Wandern und genussvolles Schauen (zum Beispiel vom *Radsberg,* 1600 m, Sessellift) auf die Deferegger Berge und die Dolomiten. Dem Namen Defregger – diesmal zum berühmten Tiroler Historienmaler gehörend – begegnet man bei der Einkehr im originellen und gediegenen Gasthaus *Enzianhütte (tgl., Silvesterstr. 31, Tel. 04 74 97 90 72, €€)* in Wahlen, mit dessen origineller Wirtin Theresia Kröll den Malerfürsten eine langjährige Freundschaft verband. Auskunft beim *Tourismusverein, 39034 Toblach, Tel. 04 74 97 21 32, Fax 04 74 97 27 30, www.toblach.info*

Welsberg **[124 C1]**

Im 1085 m hoch gelegenen Geburtsort Paul Trogers (1698–1762) sind die drei Altarbilder in der barocken Pfarrkirche aus der Hand des gefeierten Freskomeisters einen Besuch wert. Die Burg Welsperg ist im Sommer für Besichtigungen geöffnet. Regelmäßig finden dort auch Konzerte statt. Die Burg ist Ausgangspunkt der schönen Wanderung über den »Römerweg« bis nach Toblach.

Das kleine Dorf *Taisten* nicht weit von Welsberg ist über 1200 Jahre alt und liegt 1200 m hoch am Eingang zum Gsieser Tal. Es ist für Kunstinteressierte ein besonderer Leckerbissen: Vom Bildstock am Dorfeingang (1460) über die Freskenschätze des Simon von Taisten (1495) in der Georgskirche mit romanischer Rundapsis und spätgotischem Netzrippengewölbe geht der Weg zum Friedhof (Jakobskapelle, Gemälde des Simon von Taisten) und zur Rokoko-Pfarrkirche aus dem Jahr 1770, die vom Hofmaler der Brixner Bischöfe, Franz A. Zeiller, glanzvoll ausgemalt wurde.

Auskunft erteilen der *Tourismusverein, 39035 Taisten, Tel. 04 74 95 00 00, Fax 04 74 95 00 66, www.taisten.net,* sowie der *Tourismusverein, 39035 Welsberg, Tel. 0474 94 41 18, Fax 04 74 94 45 99, www.welsberg.net*

Tauferer Tal/ Ahrntal

Die Talfurche von Tauferer Tal **[116 A4–5]** und Ahrntal **[116 A–C 1–3]** ist eigentlich ein Talsystem für sich – und ein faszinierendes Ausflugs- oder Feriengebiet durch die vergletscherten Dreitausender der Zillertaler-, Rieserferner- und Tauerngruppe.

Schon im vorderen Teil, dem *Tauferer Tal,* wäre in *Gais* (835 m) ein Halt angezeigt für die dreischiffige romanische »Dorfbasilika«, die nach dem Innichner »Dom« als ein bedeutendes Sakraldenkmal der Romanik im Pustertal angesehen wird. Auch die Fresken in der Südapsis und in der Friedhofskapelle sind betrachtenswert. Mit dem barocken Pflegerhaus und den *Burgen Neuhaus* (Zimmervermietung, Burgschänke) und *Kehlburg* hat Gais weitere Attraktionen – und dazu hoch an den Talflanken die »schwebenden Erker« (Rampold) der Berghöfe, deren extreme Lagen das Bild des Tauferer- und

Ahrntals prägen. 700 m Höhendifferenz zur Talsohle sind hier keine Seltenheit. Von den schwierigen Bedingungen der Bergbauern kann man sich auf schmalen Sträßlein und Wanderwegen überzeugen.

Das *Ahrntal* zieht sich hinter Sand in Taufers erst in nördlicher, dann nordöstlicher Richtung hin bis zur Birnlücke, einem hohen Übergang ins Salzburgische. Seine Bewohner heißen in der Umgebung »Tölderer«: die Leute aus dem Tal. Und ein Gebirgstal par excellence ist das Ahrntal auch wirklich, geprägt von den hohen Inseln der Berghöfe, von den Schraffuren der Wildbäche in den steilen Flanken – und von den Menschen, die es mit diesen Schwierigkeiten aufgenommen haben.

Auf der Talstraße passiert man zuerst Luttach (970 m), von wo aus sich ein Abstecher ins *Weißenbachtal* lohnt. Über *St. Johann* mit eindrucksvoller barocker Pfarrkirche und einer der größten Mineraliensammlungen der Ostalpen *(April bis Okt. tgl. 9.30–12, 15–18.30 Uhr, Info Tel. 04 74 65 21 45)* geht es nach *Steinhaus* (1050 m), wo – nomen est omen – die stattlichen Bauten der früheren Ahrner Handelsherren ins Auge fallen: der Ansitz Gassegg, das Faktorenhaus (heute Rathaus) und gegenüber der alte Erzstadel, der so genannte »Kornkasten«. Dort wurde ein Bergbaumuseum *(April–Okt. Di–So 9.30 bis 16.30, Do 9.30–22 Uhr, Eintritt 6 Euro)* eingerichtet, das den Kupferabbau in Prettau dokumentiert.

In *Prettau* (1475 m), wo der Kupferabbau seit dem 15. Jh. gewerbsmäßig betrieben wurde und stark kulturprägend gewirkt hat, ist Insider Tipp ein interessantes *Schaubergwerk* mit Asthmaheilstollen entstanden *(April–Okt. Di–So 9.30–16.30 Uhr, Eintritt 8 Euro)*. Typisch sind im hinteren Ahrntal bis heute die alten Hausgewerbe des Spitzenklöppelns und Holzschnitzens (besonders Masken).

Noch weiter gegen den Talschluss zu: der Weiler *Kasern* (viele Tourenmöglichkeiten, z. B. über den »Knappensteig« zur Lenkjöchlhütte) und die einsame Bergwallfahrt *Heilig Geist* (1620 m), um 1455 für die Bergknappen gebaut, mit zierlichem Netzrippengewölbe. Hotel- und Restauranttipp im Talschluss: *Berghotel Kasern (28 Zi., Mi geschl. (in der Hochsaison kein Ruhetag), Tel. 04 74 65 41 85, Fax 04 74 65 41 90, €€)*. Auskunft: *Ferienregion Tauferer Ahrntal, Ahrner Str. 95, 39030 Steinhaus, Tel. 04 74 65 20 81, Fax 04 74 65 20 82, www.tauferer.ahrntal.com*

ZIELE IN DER UMGEBUNG

Mühlwalder Tal **[115 E–F3]**

Dieses bei Mühlen abzweigende Tal leitet in die imposante Fels- und Firnkulisse der Zillertaler

Almabtrieb im Tauferer Tal

Hauptgipfel hinauf. *Lappach* (1436 m) ist vor allem unter den Hochtourengehern bekannt, zum Beispiel als Stützpunkt für die großartige, gletschernahe Neves-Höhenwanderung, freilich nur für Erfahrene und Ausdauernde. Für Ungeübte gibt es den optischen Genuss des Tiroler Bergdorfs mit seinem mustergültig gestalteten Friedhof. Auskunft: *Tourismusverein, 39030 Lappach, Tel. 04 74 68 50 13, oder der Tourismusverein, 39030 Mühlwald, Tel. 04 74 65 32 20*

Reintal **[116 A–B 3–4]**

Wer es mit Erlebnissen der naturnahen Art hält, wird im Reintal nicht enttäuscht: Atemberaubend wild ist der Eindruck der *Reinbach-Wasserfälle*, an die man vom Toblhof an der Talstraße rasch und bequem herankommen kann. Bis zu 40 m tief stürzen die Wassermassen über senkrechte Schluchtwände im freien Fall in die Tiefe. Zwischen senkrechten Felswänden liegt auch der *Koflerhof*, den man unweit der Toblerbrücke von der Straße aus sieht: Fast 1500 m hoch und lange Zeit nur über einen Schwindel erregenden Fels- und Leiterweg zu erreichen, ist dieser Hof zum Symbol für die Beharrlichkeit der Bergbauern geworden.

Insider Tipp

Weiter talein- und aufwärts ist das *Dorf Rein* (1595 m) mit seinem großartigen Gletscherblick ein idealer Stützpunkt für ausgedehnte Touren in der Rieserfernergruppe (bis 3435 m).

Sand in Taufers **[116 A4]**

Der Talboden war früher oft von Murbrüchen, Lawinen und Überschwemmungen heimgesucht. Jetzt wirkt er sanft und friedlich, auch wegen der dem Gemeindezentrum Sand (865 m) vorgelagerten prächtigen *Mariä Himmelfahrtskirche*, ein Hauptwerk der Tiroler Gotik vom Anfang des 15. Jhs. Der »Kornkasten« neben der Kirche beherbergt inzwischen diebstahlsicher die seltenen gotischen Kunstobjekte des *Pfarrmuseums (Juni bis Okt. Mo–Sa 16–17 Uhr, So und feiertags ab 11 Uhr, Eintritt frei)*.

★ Die *Burg Taufers*, ein mächtiger Tiroler Wehrbau (13.–15. Jh.), imposant auf hohem Fels gelegen, trotzdem leicht erreichbar und vollständig eingerichtet (Burggeist inklusive), ist nur mit Führung zu besichtigen *(Auskunft Tel. 04 74 67 85 43, Eintritt 3,50 Euro)*.

Sand in Taufers hat mit *Speikboden* und *Klausberg* zwei sehr attraktive Skigebiete, außerdem gibt es 80 km Langlaufloipen. Im Sommer besuchen Abenteuerlustige den Hochseilgarten in Kasern oder gehen zum Rafting oder Paragliden. Sehr beliebt zum Baden ist der künstlich angelegte Naturbadeteich in Sand in Taufers. Auskunft: *Tourismusverein, Josef-Jungmannstr. 8, 39032 Sand in Taufers, Tel. 04 74 67 80 76, www.taufers.com*

UNTERPUSTERTAL

[115 D–F 4–5] Westlich von Bruneck erstreckt sich das Unterpustertal bis nach Mühlbach, der alten Zollstation zwischen der Grafschaft Görz und der Bischofsstadt Brixen. Links und rechts des Tals finden sich immer wieder schöne Abstecher und Alternativrouten, die wunderbare Ausblicke auf die gewaltige Gebirgslandschaft der Dolomiten erlauben.

ZIELE IM UNTERPUSTERTAL

Kiens und Vintl [115 D–E 4]

Die beiden Gemeinden haben zwei erstrangige Sehenswürdigkeiten: das barocke ★ *Schloss Ehrenburg,* seit dem 13. Jh. im Besitz der Grafen Künigl, mit sehenswerten Repräsentationsräumen des Fürstbischofs Künigl *(wechselnde Öffnungszeiten, Eintritt 4 Euro, Tel. 04 74 56 52 21)*, und die ★ *Kirche von St. Sigmund* **[115 E4]**. In St. Sigmund steht einer der ältesten Flügelaltäre Tirols (vor 1450).

Übernachtung: In Kiens bietet der *Pustertalerhof (30 Zi., Im Linda 16, Tel. 04 74 56 52 30, Fax 04 74 56 57 11, €€€)* Design ohne Tirolklischee; es werden auch Apartments vermietet. Ein konsequent umweltbewusstes Haus in Kiens-St. Sigmund ist *Taubers Vital-Hotel (24 Zi., Pustertalerstr. 7, Tel. 04 74 56 95 00, Fax 04 74 56 96 73, €€€)*.

Auskunft: *Tourismusverein, 39030 Kiens, Tel. 04 74 56 52 45, und Tourismusverein, 39030 Vintl, Tel. 04 72 86 91 00*

Mühlbach [115 D5]

Hier zwängt sich die Straße durch die alte Zollstation, die eben restaurierte Klause, einst Grenzpforte zwischen den Grafschaften Eisack- und Pustertal. Mühlbach selbst, Markt seit 1269, gibt sich mit Bürgerhäusern, dekorierten Fenstern und Portalen so stattlich wie städtisch. Wer diesem Charakter gemäß wohnen will, kann dies im historischen *Ansitz Kandlburg (14 Zi., Richtergasse 4, Tel. 04 72 84 97 92, www.kandlburg.com, €€)*.

Auskunft erteilt der *Tourismusverein, 39037 Mühlbach, Tel. 04 72 84 94 67, Fax 04 72 84 98 49.*

Pusterer »Sonnenstraße« [115 E–F4]

Die Empfehlung, das Pustertal von seinen Höhen zu erleben, gilt im besonderen Maß für die sehr schöne Mittelgebirgsterrasse zwischen Pfalzen und Terenten. Die Straße führt von Stegen bei Bruneck bzw. Vintl über eine Hochfläche mit vielen Wandermöglichkeiten sowie Natur- und Kunstdenkmälern, etwa den *Erdpyramiden* im Erosionsgelände des Terner Bachs oberhalb von Terenten (1200 m), und zu den sieben Mühlen, die sich auf einer zweieinhalbstündigen Rundwanderung von Terenten aus erkunden lassen. Nicht weit von Terenten, beim Weiler *Issing,* dessen Weiher als romantischer Badesee beliebt ist, steht die berühmte *Schlangenfeicht* **[115 E4]** (gleich unterhalb der Straße), eine 25 m hohe, 80 Jahre alte Fichtensäule mit eng am Stamm anliegenden Ästen und Zweigen.

Auskunft: *Tourismusverein, 39030 Terenten, Tel. 04 72 54 61 40*

St. Lorenzen [115 F5]

An der Abzweigung ins Gadertal gelegen, kulturträchtig seit der Steinzeit. Grabungen haben hier das *Römerlager Sebatum* mit einem Meilenstein aus dem Jahr 218 (der heute aufgestellte Stein ist eine Kopie) zum Vorschein gebracht. Die mittelalterliche Blütezeit des Markts wird unterstrichen durch die stattlichen Häuser und die behäbigen Gasthäuser, vor allem aber durch eines der bedeutendsten Kunstwerke des Pustertals, Michael Pachers berühmte Traubenmadonna (um 1462) in der *Pfarrkirche,* das Herzstück eines auf München und Wien verteilten Flügelaltars.

Skulpturen in Fels und Holz

Zwischen Gröden und Gadertal stehen Südtirols berühmteste Berge

Die Dolomiten und Ladinien: einerseits Synonyme für gründliche Erschließung und tüchtige Vermarktung, andererseits aber auch eine Landschaft für Spurenleser und Hellhörige. Spuren der Erdgeschichte halten die Dolomiten fest, archaische Klänge konserviert die Sprache der beiden ladinischen Täler Südtirols, des Grödner- und des Gadertals.

Gadertal und Seitentäler

Die »Perle der Dolomiten« nennen die Einheimischen stolz das Gadertal **[123 F1–4]**, und dem ist eigentlich wenig hinzuzufügen. Die Besucher erwarten eine einmalige Felslandschaft und ein exklusives Feriengebiet. Unter Sass Songher und Fanes finden sich die Luxushotels gleich reihenweise. Dazu gibt es eine Reihe von Restaurants auf internationalem Niveau.

Menschen mit einem schmalen Geldbeutel und Ruheliebende machen am besten einen großen Bogen um dieses Gebiet, denn selbst am Bauernhof ist hier alles ein bisschen teurer und zumindest zur Hochsaison überlaufen. Hauptort und touristisches Zentrum des Tales ist Corvara. Ein bisschen gemütlicher geht es in Enneberg zu.

Am Grödner Paradeberg Langkofel hat Bergsteiger Luis Trenker seine schönsten Filme gedreht

ESSEN & TRINKEN

Fana Ladina
Ladinische Hausmannskost gepaart mit italienischer Küche. *Tgl., Plan de Corones Str. 10, St. Vigil in Enneberg, Tel. 04 74 50 11 75,* €€

St. Hubertus
Ein exklusives Feinschmeckerlokal im Rosalpina, einem der schönsten Hotels der Gegend. *Di geschl., Micura-de-Rü-Str. 20, St. Kassian, Tel. 04 71 84 95 00,* €€€

ÜBERNACHTEN

La Perla
Alteingesessener Familienbetrieb aus der Romantikhotelkette mit zum Teil historischem Mobiliar, Veranda mit Lesezimmer, Boutique und Weinshop; Feinschmeckerrestaurant *La Stüa de Michil (Mo geschl.). 52 Zi., Col-Alt-Str. 105, Corvara, Tel.*

04 71 83 10 00, Fax 04 71 83 65 68, www.romantik laperla.it, €€€

Hotel Pütia
Ein Familientipp. *22 Zi., Antermoia 55, St. Martin in Thum, Tel. 04 74 52 01 14, Fax 04 74 52 00 25,* €€

AUSKUNFT

Tourismusverband Alta Badia
Col-Alt-Str. 36, 39033 Corvara, Tel. 04 71 83 61 76, Fax 04 71 83 65 40, www.altabadia.org

ZIELE IN DER UMGEBUNG

Enneberg **[123 F1]**
Ein Dorf mit 1000-jähriger Marienwallfahrt, zu der die Leute seit mehr als 350 Jahren pilgern, ohne den Appeal touristischer Infrastrukturen. Wer an der stillen Schönheit von Enneberg Gefallen gefunden hat, wird gern jenen Seitenast **[124 A–B 2–3]** des Gadertals verfolgen, der als *Rautal* (befahrbar bis Pederü) mitten hineinführt in den Insider Tipp *Naturschutzpark Fanes-Sennes-Prags.* Wer hier zu wandern beginnt – etwa über die karstigen Hochflächen der Fanesgruppe und der *Sennesalm* (z. B. Fanes-Höhenweg, ★ *Fosses-Sennes-Runde*, Krippestal) –, der begreift den Ruf dieses Gebiets als einer von Sagen gleichsam übersponnenen Landschaft.

Corvara und Kolfuschg **[123 E–F4]**
★ Corvara und Kolfuschg/Calfosch bilden zusammen die Gemeinde Ladinia (1565–1645 m), beherrscht von der zu sprichwörtlicher Dolomitenschönheit aufgetürmten, monumentalen Sellagruppe und dem monolithischen Sass Songher. Sprichwörtlich – und nun eher mit dem Attribut »super« (wie »Superski Dolomiti«) ausgestattet – ist auch die überdurchschnittlich hohe Besuchsfrequenz des Hochabtei-Gebiets, einer Urlaubsschaukel mit allen Reizen des sportlich akzentuierten Aktivtourismus.

Durch Wanderungen lassen sich die beiden ladinischen Täler durch zwei großartige Höhenwege verbinden: Der kürzere führt in etwa 4,5 Stunden vom Grödner Joch über die Puezhütte (2475 m) und durch das Langental nach Wolkenstein/Sëlva. Der längere, von Wolkenstein durchs Langental und über Puez- und Gardenazzahütte nach Stern/La Villa, verläuft über den sowohl Gröden als auch dem Gadertal angehörigen, gewaltigen *Bergstock der Gardenazza* (2000 bis 2600 m), eine einsame Hochfläche von wüstenhafter Fremdartigkeit – als Kontrastprogramm zu den üblichen Dolomitentouren sehr zu empfehlen.

Von Corvara aus kann man gut als Ein- oder Zweitageswanderung die ★ *Sellaronda* angehen, welche die drei ladinischen Täler berührt und einmalige Bergblicke verheißt.

St. Kassian **[124 A4]**
Vor dem Eintauchen ins mit allen denkbaren Sport- und Vergnügungsstätten ausgestattete Dreigestirn des Hochabteitals – Stern, Corvara und Kolfuschg – lässt sich, von Bruneck kommend, ein Abstecher nach St. Kassian/San Cascian (1535 m) machen, das außer Liften und Pisten auch ein Höhlenbärenskelett im *Museum* und gute Wandermöglichkeiten im Armentarola zu bieten hat. Auskunft erteilt der *Tourismus-*

verein Alta Badia, 39030 La Ila Stern, Tel. 04 71 83 61 76, Fax 04 71 83 65 40, www.altabadia.org.

St. Leonhard **[123 F3]**
Hier in, auf Ladinisch, San Linêrt de Badia (1350 m) gehen Natur und Kunst eine einzigartige Symbiose ein: die rötlichen Felsmauern des Kreuzkofels und der Lavarella und die *Rokokokirche* von 1778. Den Höhepunkt im wahrsten Wortsinn markiert das vor einzigartigem Bergpanorama gelegene, fast 1000 Jahre alte ★ *Höhenkirchlein Heiligkreuz* (2045 m, Gondellift). Betrieb im Cowboystil gibt es im bierpreisgekrönten *Badia Pub (in der Saison tgl.)* in Pedratsches.

St. Martin **[123 F1–2]**
Vom Gemeindehauptort St. Martin in Thurn/S. Martin de Tor (1135 m) empfehlen sich Abstecher ins Campilltal/Lungiarü mit seinen vielen Mühlen am Seresbach (hochsommerliches Mühlenfest!) nach Untermoi–Würzjoch und über Pederoa an der Talstraße entlang ins Tal von Wengen. Schloss Thurn beherbergt seit 2001 das ★ *Ladinische Landesmuseum*. Dort wird die Geschichte der Dolomitenladiner gezeigt, der Gadertaler, Grödner, Fassaner, Ampezzaner und Buchensteiner. Ein besonderer Schwerpunkt liegt in der Darstellung der ladinischen Sprache *(Dez.–März Di–So 14–18 Uhr, April–Okt. 10 bis 18 Uhr, Eintritt 5 Euro, Torstr.)*.

St. Vigil **[124 A2]**
St. Vigil »mit allem Drum und Dran«, also dem des winterlichen Skibetriebs am Kronplatz, aber auch mit dem Juwel seiner *Rokokokirche* (Stuckaturen von Franz Singer, virtuose Fresken von Matthäus Günther, 1782, Kreuzwegstationen mit für die Entstehungszeit dokumentarischem Charakter von Carl Henrici, 1783), ist der umtriebigste Ort im Enneberg-Gebiet.

Auskunft erteilt der *Tourismusverein, 39030 St. Vigil, Tel. 04 74 50 10 37, Fax 04 74 50 15 66*

MARCO POLO Highlights »Ladinien«

★ **Corvara**
Einmalig schön liegt der Hauptort des Gadertales unter dem monolithischen Sass Songher (Seite 56)

★ **Ladinisches Landesmuseum**
Das »Ladinoskop« in Schloss Thurn bietet Einblick in Geschichte und Gegenwart der Ladiner und deren Sprache (Seite 57)

★ **Fosses-Sennes-Runde**
Wandern in einer mythischen Landschaft (Seite 56)

★ **Höhenkirchlein Heiligkreuz**
Das Höhenheiligtum liegt vor einem einzigartigen Bergpanorama (Seite 57)

★ **Sellaronda**
Sommers wie winters ist die Umrundung der Sellagruppe ein Erlebnis (Seite 56)

Wengen [124 A3]

Der ruhige Ferienort Wengen/La Val (1350 m) – ist eine Gemeinde mit charakteristischen, über weite Bergwiesen verstreuten Einzelhöfen und den geologisch interessanten Wengener Schichten. Einen Besuch wert ist das spätgotische Knappenkirchlein St. Barbara (1490) in *Alt-Wengen*, einem traumhaft schönen Bergweiler gegenüber der blendend weißen Kalk-Hochfläche von Gardenazza.

Insider Tipp

GRÖDEN (GHERDEINA)

[122–123 B–E 3–4] Die Talstraße durch die Schlucht des Grödner Bachs zeigt Klammcharakter und ist auf diese Weise imposant, markant beherrscht auch von der Trostburg der Wolkensteiner Grafen.

Prägend bis heute ist in Gröden die Holzschnitzerei. Die künstlerische Qualität des Grödner Schnitzwerks ist abhängig von den Ansprüchen des Kunden: Massenware und ambitionierte, teils avantgardistische Einzelstücke entstehen nebeneinander. Einzelne Grödner Künstler sind über die traditionelle Herstellung von Kruzifixen und Krippen hinausgewachsen und wie beispielsweise Adolf Vallazza zu Bildhauerpersönlichkeiten geworden, die sich sogar international behaupten können.

Für den Sommer- und Wintertourismus bietet Gröden, wo neben anderen wintersportlichen Wettkämpfen im Dezember Weltcup-Skirennen ausgetragen werden, alle erwarteten Infrastrukturen.

ESSEN & TRINKEN

Comici-Hütte

Auf der Schutzhütte zwischen Plan de Gralba und Sellajoch gibt's auf Bestellung exklusive Fischgerichte. *Okt.–Dez. Mai–Mitte Juni geschl., Tel. 04 71 79 41 21,* €

ÜBERNACHTEN

Hotel Adler

Exklusives Traditionshaus mit einem gut ausgestatteten Wellnessbereich. *130 Zi., Rezia-Str. 7, St. Ulrich, Tel. 04 71 77 50 00, Fax 04 71 77 55 55, www.hotel-adler.com,* €€€

Sulè-Hof

Bauernhof mit Blick übers Tal. *4 Zi. und 2 Ferienwohnungen, Nevelstr. 83, St. Ulrich, Tel. und Fax 04 71 79 74 16,* €

AUSKUNFT

Tourismusverband Gröden

39047 St. Christina, Tel. 04 71 79 22 77, Fax 04 71 79 22 35, www.valgardena.it

ZIELE IN GRÖDEN

Langkofel [123 D4]

Insider Tipp

Passionierten Bergwanderern sei die zweitägige Rundtour um den Grödner Paradeberg Langkofel empfohlen (durchweg liegt der Wanderweg etwa auf 2000 m): Sellajochhaus – Plattkofelhütte – Zallinger auf der Seiser Alm (Übernachtung) – Comici-Hütte – Steinerne Stadt – Sellajochhaus.

St. Christina [123 D3–4]

Der 16 000-Ew.-Ort zwischen Wolkenstein und St. Ulrich ist voll auf

Holzschnitzer in St. Ulrich bei der Arbeit

Tourismus eingestellt. Wer seine Zelte hoch über St. Christina aufschlagen will, kommt in dem komfortablen *Sporthotel Monte Pana (64 Zi., Panastr. 45, Tel. 04 71 79 36 00, Fax 04 71 79 35 27, €€€)* bestens unter.

Von St. Christina aus lassen sich wunderbare Ausflüge in die Umgebung machen, beispielsweise zum repräsentativen Renaissancebau der *Fischburg* (1622–41). Zu besichtigen ist allerdings nur der Arkadenhof.

Auskunft erteilt das *Verkehrsamt, 39047 St. Christina, Tel. 04 71 79 30 46.*

St. Ulrich **[122 C3]**

Mehr als eine halbe Million Übernachtungen pro Jahr zählt der Ort mit gerade mal rund 4500 Ew. Urlaubern stehen zahlreiche Freizeitangebote zur Verfügung. Das *Heimatmuseum St. Ulrich/Urtijei (Saison Mo–Fr 10–12, 15–18 Uhr, sonst nur nachmittags, Eintritt 2 Euro)* wartet auf mit zahlreichen Objekten aus der Grödner Ur- und Frühgeschichte sowie mit Exponaten zur Geschichte der Holzschnitzerei und lokaler Kunst.

In St. Ulrich liegt die Heimat des Bergsteigers und Regisseurs Luis Trenker. Am Langkofel und in Gröden hat er seine schönsten Filme gedreht, und auf dem Friedhof von St. Ulrich liegt er begraben. Einheimische lieben insbesondere die Seceda, wo es außer einem herrlichen Rundblick unzählige Einkehrhütten gibt.

Auskunft erteilt das *Verkehrsamt, 39046 St. Ulrich, Tel. 04 71 79 63 28, Fax 04 71 79 67 49.*

Wolkenstein **[123 E4]**

Ein intensives Landschaftserlebnis bietet der Besuch der kleinen *Burg Wolkenstein,* die am Talende unter einer überhängenden Felswand liegt. Auskunft: *Verkehrsamt, 39048 Wolkenstein, Tel. 04 71 79 51 22, Fax 04 71 79 42 45*

Der fruchtbare Süden von Südtirol

Die Weindörfer Terlan, Kaltern und Tramin versprechen exquisiten Weingenuss

Der »Süden Südtirols« hat nicht nur im gleichnamigen Touristikkomitee eine gemeinsame Identität; die 18 Gemeinden der Ferienregion zwischen Terlan und Salurn haben auch Gemeinsamkeiten aus ihrer Nähe zum romanischen Sprachraum und aus dem kulturellen Profil, selbstverständlich auch durch die Flusslandschaft der Etsch, die seit vorgeschichtlicher Zeit den Verkehrsstrom geprägt hat. Nach der Regulierung des sumpfigen Flusstals bekam das Etschtal sein heutiges Gesicht als die allseits berühmte Wein- und Obstlandschaft Südtirols.

Fahrten und Wanderungen erschließen die Erlebnisschwerpunkte des Südtiroler Südens, wobei sich zum Wandern in den unteren Lagen wegen des milden Klimas vor allem Frühjahr, Herbst und sogar der Winter eignen; in den höheren Lagen kommt wiederum die Sommerfrische dazu – auch in den Mittelgebirgsgebieten der Mendel, des Fennbergs und um Aldein.

Erlebnis für viele ist die Festfröhlichkeit in den bekannten Weindörfern, deren Namen schon

Die St.-Josef-Kirche im Weinort Kaltern

Knackig frisch: Südtiroler Äpfel

auf ihre spezifischen Freuden verweisen: Terlan, Kaltern, Tramin. Nicht weniger Genuss verheißen die international weniger bekannten wie Girlan, Kurtatsch, Margreid, St. Pauls. Die Weinstraße verbindet sie alle.

Die Erlebnisqualitäten des Wanderns und des Weins lassen sich prächtig verbinden mit Kunst- und Naturdenkmälern, die der Süden Südtirols reichlich aufzuweisen hat. In diesem Kapitel werden sie – da es in dieser Region keine größeren Städte als Schwerpunkte gibt – an einer Route »aufgefädelt«, die sich auch schön erradeln lässt. Der Anfang der Route fällt mit der ★ *Südtiroler Weinstraße* zusammen, die nicht nur landschaftliche Schönheit zu bieten hat, sondern auch Weinkennern allerlei Genüsse bereiten kann.

Allgemeine Informationen: Tourismusverband *»Südtirols Süden«, Pillhofstr. 1, 39010 Frangart, Tel. 04 71 63 34 88, Fax 0471 63 33 67, www.suedtirols-sueden.info*

TERLAN

[121 D–E4] In Terlan (248 m) nordwestlich von Bozen lassen wir die Route beginnen, wo sich die Bozner im April und Mai besonders gern der Frühlingszeremonie des Spargelessens hingeben. Entsprechend hoch ist das Niveau der Restaurants. Besonders beliebt: *Hotel-Restaurant Weingarten (Juni–März So geschl., Hauptstr. 42, Tel. 04 71 25 71 74, Fax 04 71 25 77 76, €€).*

Die zweitürmige *Pfarrkirche* von Terlan ist nicht nur ein Hauptwerk der gotischen Bozner Schule, sondern mit der hoch über dem Ort liegenden *Burgruine Neuhaus* (im Volksmund Maultasch genannt) auch der beherrschende Blickfang in diesem Teil des Etschtals. *Verkehrsverband, 39018 Terlan, Tel. 04 71 25 71 65, Fax 04 71 25 78 30*

EPPAN

[121 D–E 5–6] Ein Dorf mit dem Namen Eppan gibt es nicht, die Gemeinde Eppan besteht aus den Orten St. Michael, St. Pauls, Missian, Frangart, Unterrain, Perdonig, Girlan, Montiggl und Gais. Nach dem Verlassen der Staatsstraße Bozen–Meran in Terlan führt die Straße zunächst über die Etsch und über Unterrain nach *Missian*, wo sich die Fahrt mit einer eindrucksvollen Burgenwanderung (Insider Tipp) unterbrechen lässt. Der Halbtagsausflug führt am komfortablen *Hotel Schloss Korb (55 Zi., Hocheppaner Weg 5, Missian, Tel. 04 71 63 60 00, Fax 04 71 63 60 33, €€€)* vorbei zuerst zum Kreideturm (wie alle derartigen Bauten eine alte Alarmfeuerstation), dann hinauf zur *Ruine Hocheppan*, früher Sitz der mächtigen Grafen von Eppan, mit berühmten, byzantinisch durchformten Fresken in der Kapelle und einer Geburt-Christi-Szene, bei der wahrhaftig Tiroler Knödel gekocht werden. In der Schenke im Burghof lässt sich ein Imbiss einnehmen.

Ein Steig und Holztreppen führen zur jenseits der Talschlucht gelegenen *Burgruine Boymont*, die ebenfalls (zeitweise) bewirtschaftet ist. Wer noch höher hinaus will, kann von und nach *Perdonig* (800 m) dem vor allem während der Obstblüte beliebten Eppaner Höhenweg folgen.

In einem Ortsteil der Gemeinde Eppan (11 000 Ew.), in *St. Pauls*, fällt die mächtige spätgotische Pfarrkirche, der »Dom auf dem Lande« mit 86 m hohem Turm, ins Auge. Die unter anderem dort aufbewahrten sieben Totenschilde der Familien Khuen und Firmian (16. Jh.) weisen auf die Adelslandschaft des Überetsch hin. Diese Kleinlandschaft, die wie eine behäbige, von Fruchtbarkeit verwöhnte Terrasse über dem eigentlichen Etschtal liegt, ist mit eindrucksvollen Bauzeugnissen im mediterran anmutenden »Überetscher Stil« des 16. und 17. Jhs. dicht bestückt. Viele der 137 Schlösser und Ansitze im ★ *Adelsparadies Überetsch*, besonders in Eppan-Berg, sind gastlich geöffnet als Hotels und Restaurants oder auch als Schlossmuseum – wie beispielsweise *Schloss*

Moos-Schulthaus mit volkskundlicher Sammlung und Kunstgalerie. Die Kunst des Genießens wird zelebriert im Restaurant *Zur Rose* in St. Michael *(So und Mo mittags geschl., Tel. 04 71 66 22 49, €€€)* nahe dem Rathausplatz.

Insider Tipp

Neben den vielen Kunstdenkmälern verdient auch ein ganz besonderes Naturdenkmal Erwähnung, *die Eislöcher im Bergsturzgebiet von Eppan-Gand*, wo durch den Kaltluftsog eines unterirdischen Röhrensystems die Vegetationsfolge am Hang genau auf dem Kopf steht und es inmitten südlicher Pflanzenpracht im Juni noch Eiszapfen zu bestaunen gibt.

Ein Phänomen zwischen Natur- und Baudenkmal ist das hübsche *Weindorf Girlan*, das unter der Erde etwa gleich viel an Raummaß aufweist wie oberirdisch, und zwar in Form eines wahren Labyrinths von Weinkellern. Zur Einkehr empfohlen: *Restaurant Marklhof (So-abend und Mo geschl., Marklhofstr. 14, Girlan, Tel. 04 71 66 24 07, €€)*. Ein beliebter Treff junger Leute ist die Disko *Baila* in St. Michael *(Mo geschl., Boznerstr. 8)*.

Auskunft erteilt der *Tourismusverein, 39057 Eppan, Tel. 04 71 66 22 06, Fax 04 71 66 35 46, www.eppan.net*

KALTERN

[126 B2] Das Thema Wein spielt auch in Kaltern (426 m) die Hauptrolle – schon wegen des dortigen ★ *Südtiroler Weinmuseums (April bis Nov. Di–Sa 9.30–12 und 14 bis 18, So 10–12 Uhr, Eintritt 2,10 Euro)*, wo die 2000 Jahre Geschichte

MARCO POLO Highlights »Etschtal/ Überetsch/Unterland«

★ **Südtiroler Weinstraße**
Die Weinstraße führt durch die heimeligen Weinbaudörfer und vorbei am Kalterer See (Seite 61)

★ **Adelsparadies Überetsch**
Nicht weniger als 137 Burgen, Schlösser und Ansitze gibt es auf engstem Raum in Eppan-Berg (Seite 62)

★ **Südtiroler Weinmuseum**
Eine einzigartige Dokumentation von 2000 Jahren Weingeschichte in Kaltern (Seite 63)

★ **St. Jakob**
Kunsthistorisch bedeutsam: die Fresken von kämpfenden Fabelwesen im Kirchlein über Tramin (Seite 65)

★ **Bletterbach-Schlucht**
Die Schlucht bei Aldein mit ihren Gesteinsschichtungen und Versteinerungen ist ein Bilderbuch der Erdgeschichte (Seite 67)

★ **Neumarkt**
Schattenkühle Laubengänge prägen den alten Ortskern (Seite 67)

des Südtiroler Weinbaus umfangreich und unterhaltsam dokumentiert sind. Einblick in den Weinanbau gewinnen Wanderer auf dem Weinweg, der durch die Rebland- schaft führt. Der frühere Sitz des Weinmuseums, *Schloss Ringberg* zwischen Kaltern und Tramin, ist inzwischen ein stilvolles Schlossrestaurant *(Mo-abend und Di geschl., St. Josef am See 1, Tel. und Fax 04 71 96 00 10, €€€)* mit Weinverkauf der edlen Tropfen von Elena Walch. Abends geht man in Kaltern in den *Tower Pub (Juni–Sept. So, im Winter Di geschl., Heppenheimer Str. 10)*.

Am richtigen Platz sind Gourmetfreunde in Kaltern. Dem roten Punkt der Initiative *wein.kaltern* folgend, finden sie zu Qualitätsbetrieben, die sich dem guten Essen und dem besonderen Tropfen verschrieben haben.

Wer sich in und um Kaltern nicht nur für den »Kalterer See«, einen Vernatsch-Wein, interessiert, dem seien die gotische *Nikolauskirche* mit Chorfresken von Bartlmä Dill-Riemenschneider (um 1530), die klassizistische *Pfarrkirche* mit prachtvollem Hochaltaraufbau und dem besonderen Klanggenuss der Pirchner-Orgel empfohlen. Hoch hinauf geht es mit der alten Standseilbahn von Kaltern auf den *Mendelpass* (1365 m).

Der rund 2 km lange und 1 km breite *Kalterer See* ist der wärmste Badesee des Alpenraums, ein kleines Surf- und Segelparadies mit pünktlichem Sommerwind, der täglich wehenden »Ora«. Die beiden kleinen *Montiggler Seen* liegen romantisch im Wald und gehören ebenfalls zu den Badeseen mit angenehmer Wassertemperatur. Es gibt alle gängigen Freizeiteinrichtungen und Hotels aller Kategorien. Sehr zu empfehlen ist das *Gretl am See*, ein nettes Familienrestaurant mit Strandbad und Camping *(Mo geschl., Tel. 04 71 96 02 73, Fax 04 71 96 01 40, €€)*. Ruhiger ist es hingegen auf der gegenüberliegenden Seite des Sees, z. B. im *Seehotel Ambach (26 Zi., Tel. 04 71 96 00 98, Fax 04 71 96 00 99, €€)*.

Ein Eldorado für Freunde des Wassersports: der Kalterer See

Die MARCO POLO Bitte

Marco Polo war der erste Weltreisende. Er reiste in friedlicher Absicht, verband Ost und West. Er wollte die Welt entdecken, fremde Kulturen kennen lernen, nicht zerstören. Könnte er heute für uns Reisende nicht Vorbild sein? Aufgeschlossen und friedlich sollte unsere Haltung auf Reisen sein. Dazu gehören auch Respekt vor Mensch und Tier und die Bewahrung der Umwelt.

WWF

Auskunft erteilt der *Tourismusverein, Marktplatz 8, 39052 Kaltern, Tel. 04 71 96 31 69, Fax 04 71 96 34 69, www.kaltern.com.*

TRAMIN

[126 B3] Im Wettstreit um die höchsten Kirchtürme ist der von Tramin (275 m) mit 93 m und dem Prädikat des höchsten gemauerten Turms von Tirol gut platziert. Auch im Rennen der berühmtesten Südtiroler Weinsorten liegt die hiesige ganz vorn: Der aromatische Gewürztraminer ist hier daheim (alljährlich weltweite Vergleichsverkostung der Gewürztraminer im späten Frühjahr) und hat seit mehr als 500 Jahren einen hervorragenden Leumund.

Fast 800 Jahre alt sind die Apsisfresken im Kirchlein ★ *St. Jakob* auf Kastellaz über Tramin. Sie sind eine kunsthistorische Sehenswürdigkeit Südtirols, vor allem wegen der kämpfenden Fabelwesen (»Bestiarien«) des romanischen Bildprogramms, neben dem aber auch die spätromanischen Fresken der Nordwand und die Bemalung des gotischen Seitenschiffs Beachtung verdienen. Bemerkenswert sind auch die um 1400 entstandenen Fresken und das Hochaltarblatt von Martin Knoller (um 1790) in der Traminer Pfarrkirche am Rathausplatz. An dessen Ostseite bietet das *Traminer Dorfmuseum* Einblick in die vor allem bäuerliche Arbeitswelt und die Tradition der Traminer Fasnacht *(April–Nov. Di–Fr 10–12 16–18, Sa 10–12 Uhr, Eintritt 2,50 Euro).* Auskunft: *Tourismusverein, 39040 Tramin, Tel. 04 71 86 01 31, Fax 04 71 86 08 20, www. tramin.com*

KURTATSCH

[126 B4] Bei Kurtatsch (333 m) wird die Südtiroler Weinstraße zur Panoramastraße mit weitem Blick über das Etschtal und mit dem 700-jährigen Turm als Erkennungszeichen (Prädikat im Türmewettstreit: der stattlichste romanische weit und breit). Mehrere adelige Profanbauten (etwa die Ansitze *Nußdorf, Ortenburg, Freienfeld* und *Strehlburg*) prägen das Ortsbild; im *Hof am Orth* kann auch ein kleines Privatmuseum mit prähistorischen Fundstücken, Arbeitsgeräten und Einrichtungsgegenständen besichtigt werden. Im Gasthaus *Zur Rose (So geschl., Endergasse 2, Tel. 04 71 88 01 16, €€)* ist es urgemütlich.

Ein lehrreicher Weinweg führt durch die Rebenlandschaft in Kaltern

Empfehlenswert ist ein Ausflug auf die malerische Sommerfrischterrasse oberhalb von Kurtatsch: etwa nach *Graun* mit dem atemberaubenden Aussichtsplatz des Sitzkofels oder nach *Fennberg* (1170 m), der höchsten Siedlung auf dieser Seite des Mendelzugs. Hierher führt vom Weiler Entiklar aus auch ein Wanderweg mit Höhepunkten am Fennhals (Renaissanceansitz und in der Nähe die bis zu 40 m hohen, hundertjährigen Mammutbäume), in Oberfennberg (Schloss Ulmburg) und Unterfennberg mit der Hügelkirche St. Leonhard über dem kleinen See, der 400-jährigen Linde neben dem Gasthaus. Am Weg liegt der *Ansitz Turmhof (So geschl.)* in Entiklar, eine reizvolle Jausenstation mit preisgekrönten Eigenbauweinen. Auskunft: *Tourismusverein Südtiroler Unterland, 39040 Kurtatsch, Tel. 04 71 88 01 00, Fax 04 71 88 04 51, www.suedtiroler-unterland.it*

MARGREID

[126 B4] Weiterspazieren kann man von Entiklar nach Margreid, wo sich im Winkel des gegen die Salurner Klause vorspringenden Fennbergs malerische Häuser in engen Gassen drängen. Ansitze wie *Königseck, Löwengang,* behäbige Höfe (etwa der *Porerhof* aus dem 17. Jh., jetzt Rathaus) und anheimelnde Gassen mit schönen Torbögen machen das ganze Dorf zur Sehenswürdigkeit. In der Grafengasse wächst eine 400 Jahre alte Rebe, die bis heute reiche Früchte trägt. Genussreich: die Weine von Alois Lagedèr in der Vinothek *Im Paradeis* am Dorfplatz.

SALURN

[126 B5] Das Dorf (212 m) im allersüdlichsten Zipfel Südtirols mit seinen Adelssitzen und Patrizierhäusern legt einen Rundgang mit offenen Augen und Ohren nahe, denn hier ist die Sprachgrenze (zugleich die Südgrenze Südtirols) deutlich spürbar.

Die deutlichste optische Markierung Salurns, die kühn in senkrechte Felswände hinein gemauerte *Ruine der Haderburg*, sollte wegen des ausgesetzten Zugangs besser nicht erklettert werden. Dafür bietet sich ein anderer hoher Platz über Salurn an: die *Königswiese* (1620 m) oberhalb des Weilers Gfrill (1330 m; Autostraße), deren Name sowohl zu ihrer Aussichts- als auch zu ihrer Blumenpracht trefflich passt. Auskunft: *Tourismusverein, Rathausplatz 1, 39040 Salurn, Tel. 04 71 88 42 79*

NEUMARKT

[126 B4] Der Hauptort des Unterlandes, ★ *Neumarkt* (217 m), ist ein Platz zum Verweilen, Genießen und Schauen. Der mittelalterliche Markt und frühere Etschhafen hat einen eindrucksvollen, von schattenkühlen Laubengängen geprägten, gut sanierten und vom Autoverkehr weit gehend befreiten Ortskern, der zu einem gemütlichen Einkaufsbummel einlädt. Typisch für den Marktflecken sind die *Saalhäuser*.

Beliebter Treff am Reitzentrum Alps-Coliseum: das *Bistro El Gaucho (Mo geschl., Villnerstr. 28)*. Unter den Lauben in reizvollem Ambiente liegt die *Önothek Johnson & Dipoli (tgl., €€)*.

Bei den Sportplätzen Auer lockt die Diskothek *Zoom (Mo, Di geschl., Schwarzenbach 4)* von weit her junge Leute an (mit Bistro, Pub und Pianobar).

Höhepunkte gotischer Sakralkunst sind die unweit von Neumarkt gelegene *Stephanskirche* in Pinzon mit einem meisterlichen Flügelaltar des Brixner Bildschnitzers Hans Klocker (um 1490) und die besonders stilreine *Marienkirche* in der Vill am Fuß des bukolischen Porphyrhügels von Castelfeder (Schlüssel beim Verkehrsamt). Wer einkehren möchte, findet im *Pinzonerkeller (März–Dez. tgl., mittags geschl.)* mitten in Pinzon Gelegenheit.

Auskunft erteilt der *Tourismusverband, Laubengasse 28, 39044 Neumarkt, Tel. 04 71 81 23 73, Fax 04 71 82 06 07.*

ALDEIN/NATURPARK TRUDNER HORN

[126–127 C–D 3–4] Eine Traumlandschaft ist die Gegend von Aldein, Radein, Truden und Altrei. Die Lärchenwiesen von Truden und Altrei oder die Hochtour von Radein aufs Weißhorn (2316 m) sind nur zwei Möglichkeiten, im Naturpark Trudner Horn mit der ★ *Bletterbach-Schlucht* zu wandern. Wohl nirgends in Südtirol lässt sich die geologische Geschichte besser studieren. Der Bilderbuch-Berggasthof *Zirmerhof (Mo geschl., 32 Zi., Oberradein 59, Tel. 04 71 88 72 15, €€)* in Radein ist fast schon eine Südtiroler Institution mit einem herrlichen Rundblick. Auskunft: *Tourismusverein, Am Dorfplatz, 39040 Aldein-Radein, Tel. 04 71 88 68 00, www.aldein-radein.it*

MCMXII

Der Schmuckgarten Südtirols

Die Kurstadt glänzt mit Thermalbädern und einem renommierten gesellschaftlichen Leben

Alte Bräuche, fesche Trachten

Geschützt durch die hohen Berge der Texelgruppe im Norden kann das Talbecken von Meran auf eine alte Siedlungsgeschichte zurückblicken. Nach Westen geht es in das Vinschgau über, während sich im Nordosten das Passeiertal anschließt. Im Südwesten zweigt bei Lana das Ultental ab. Ein mildes Klima mit teilweise subtropischer Vegetation und die reizvolle Landschaft, in die zahlreiche Burgen, Obst- und Weingärten gestreut sind, begünstigen das Meraner Land, das mittlerweile mit mehr als 2 Mio. Übernachtungen pro Jahr aufwarten kann.

MERAN (MERANO)

Karte in der hinteren Umschlagklappe

[121 D1–2] Nur der Größe nach ist Meran (325 m; 33 000 Ew.) die zweite Stadt im Land. An internationalem Renommee ist die Kurstadt an Passer und Etsch der anderen großen Stadt in Südtirol, nämlich Bozen, sicher überlegen: Der alte Ruhm Merans weht vom nahen Stammschloss der »Burggrafen« von Tirol herunter und machte Meran zur Tiroler Landeshauptstadt, bis die Letzte ihres Geschlechts, Margarethe Maultasch, 1363 das Land den Habsburgern vermachte. Der jüngere Grund ist Merans Kurtauglichkeit: eine Mischung aus Klimagunst, Traubensaft, Heilwasser und Atmosphäre.

Jugendstil pur: das Meraner Kurhaus. Im Hintergrund St. Nikolaus

Für dieses ganz besondere Meraner Flair gibt es verschiedene Annäherungen, die, passend zum Kur- und Ferienimage der Stadt, mit Spazierwegen und Gartenimpressionen identisch sind. Die schönste Annäherung an Meran ist der in jeder Hin- und Aussicht lohnende Spaziergang durch die Gilfpromenade und über den Tappeinerweg: von der Passerbrücke über die

Sommerpromenade zur Brücke unterhalb der Zenoburg, durch die Gilf zurück bzw. hinauf zum Tappeinerweg und über den Schlehdorfsteig wieder nach Meran hinab.

Ein anderer Spaziergang führt durch den Stadtteil Obermais, vorbei an Schlössern und Ansitzen. Nach den empfohlenen Spaziergängen wendet man sich am besten der Altstadt zu: mittelalterliche Kulisse, Akzente der ländlichen Umgebung und Kuratmosphäre sind die drei Ingredienzen, die hier wirken.

SEHENSWERTES

Gärten von Schloss Trauttmansdorff

★ Auf bequemen Spazierwegen geht's auf botanische Weltumrundung. Auf 12 ha sind 3800 Pflanzensorten zu bestaunen. Reisterrassen liegen nicht weit von Olivenhainen und Weinbergen. Treppenwege führen in den Garten nach italienischer Manier, in den Staudengarten im englischen Stil und in den Sinnesgarten – ein wahres Fest der Sinne! *März–Nov. tgl. 9–18 Uhr, Juni–Aug. 9–21 Uhr, Eintritt 9 Euro (kombinierte Eintrittskarte, die auch für das Touriseum gilt), www.trauttmansdorff.it*

Landesfürstliche Burg

Dies ist eine etwas großspurige Bezeichnung für die kleine, efeuumrankte Stadtresidenz des Herzogs Sigismund (nach 1450). Abgesehen davon befindet sich hier ein sehenswertes Museum spätmittelalterlicher Wohnkultur, unter anderem mit dem ältesten gotischen Prunkofen Europas. *März–Dez. Di bis Sa 10–17, So 10–13 Uhr, Eintritt 2 Euro, Galileistraße*

Pfarrkirche St. Nikolaus

Von der Hochgotik bis zum Barock reichen die Eindrücke in dieser Kirche, vom Kreuzrippengewölbe über den spätgotischen Flügelaltar (um 1500) bis zu den Tafelbildern von Martin Knoller (1788). Hinter der Pfarrkirche lohnt ein Blick in die zweistöckige Barbarakapelle.

Stadttheater und Kursaal

Vorbildlich restauriert und in den Glanz der »goldenen« Meraner Zeit vor dem Ersten Weltkrieg zurückversetzt wurden das komplett erhaltene Jugendstil-Stadttheater sowie das schöne ★ *Kurhaus* aus gleicher Zeit. *Theaterplatz – Freiheitsstr.*

MUSEEN

Frauenmuseum Evelyn Ortner

Insider Tipp

Ein Querschnitt durch das Leben der Frauen seit mehr als 100 Jahren – zu Themen wie Schönheitsidealen, Frauenrollen und Frauenarbeit. Originell! *Feb.–Okt. Mo–Fr 10–18 Uhr, Sa 10–13 Uhr, Eintritt 3,60 Euro, Lauben 68, www.museia.org*

Touriseum

Das neu eröffnete und wirklich sehenswerte Museum für Tourismus wurde in Schloss Trauttmansdorff eingerichtet. Am besten plant man einen ganzen Tag ein und verbindet die Besichtigung mit einem Besuch im *Botanischen Garten. März–Nov. tgl. 9–18 (Juni–Aug. bis 21) Uhr, Kombiticket 9 Euro*

ESSEN & TRINKEN

Sieben

Café und Bistro. Livemusik. *Di geschl., Laubengasse 232,* €€

Sissi
Im ehemaligen »Andrea« kocht jetzt der Küchenmeister Andrea Fenoglio meisterlich. *Mo geschl., Galileistr. 44, Tel. 04 73 23 10 62,* €€€

ÜBERNACHTEN

Hotel Villa Tivoli
Durch seine Lage und die Passion der Besitzer ein botanisches Juwel. Im Restaurant *Artemis* gibt es auch Sonntagsbrunch. *20 Zi., 6 Suiten, Verdistr. 72, Tel. 04 73 44 62 82, Fax 04 73 44 68 49, www.villativoli.it,* €€

Hotel Irma
Alles, was gesund ist und schön macht, wird hier angeboten, unter anderem auch entspannende, hautfreundliche Solebäder. *50 Zi., 17 Suiten, Schönblickstr. 17, Tel. 04 73 21 20 00, Fax 04 73 23 13 55, www.hotel-irma.com,* €€€

Hotel Meranerhof
Hotel der Spitzenklasse an der Passer. Der Park ist eine Oase der Ruhe inmitten der Stadt. *38 Zi., 2 Suiten, Manzonistr. 1, Tel. 04 73 23 02 30, Fax 04 73 23 33 12, www.meranerhof.com,* €€€

Gasthof Rainer
Dieses Haus ist zentral, aber dennoch ruhig gelegen, mit Garten. *8 Zi., Laubengasse 266, Tel. und Fax 04 73 23 61 49,* €

Schloss Labers
Beste Lage und schillernde Vergangenheit. *32 Zi., Labersstr. 25, Tel. 04 73 23 44 84, Fax 04 73 23 41 46,* €€€

AM ABEND

Aera
In-Disko, auch mit Livemusik, im Ex-*Rafflkeller* nahe dem Pfarrplatz. *So–Di geschl.*

MARCO POLO Highlights »Meran und das Burggrafenamt«

★ **Gärten von Schloss Trauttmansdorff**
12 ha Blumenpracht aus aller Herren Länder (Seite 70)

★ **Schloss Tirol**
Der ehemalige Hauptsitz der mächtigen Grafen von Tirol (Seite 73)

★ **Schnatterpeck-Altar**
Der größte und eindrucksvollste gotische Altar in Südtirol (Seite 75)

★ **Ultner Talmuseum**
Das Leben in dem lange von der Außenwelt abgeschiedenen Tal (Seite 77)

★ **Gletschermühle von Platt**
Eiszeitliche Naturlaune im Passeiertal, mit einer leichten Wanderung erreichbar (Seite 76)

★ **Kurhaus**
Meraner Prunkarchitektur im Jugendstil aus dem Jahr 1874 (Seite 70)

Café Giardino
Ein beliebter Treffpunkt mit Livemusik an der Kurpromenade. *So, Mo geschl.*

Kurbad Meran
Die alte Meraner Kurtradition wird dort – auf den neuesten Stand der Medizin gebracht – weitergeführt. *Piavestr. 9, Tel. 04 73 23 77 24, Fax 04 73 23 32 36*

Insider Tipp **Theater in der Altstadt**
Ambitioniertes Theater- und Musikprogramm im Kurhauskeller. *Freiheitsstr. 27, Tel. 04 73 21 16 23*

AUSKUNFT

Alle Informationen, auch über die herbstliche Traubenkur, erteilt die *Kurverwaltung, Freiheitsstr. 45, 39012 Meran, Tel. 04 73 27 20 00, Fax 04 73 23 55 24, www.meraninfo.it.*

Schnee, Sonne und Skipisten: Wintersportgebiet Meran 2000

ZIELE IN DER UMGEBUNG

Hafling, Vöran, Mölten
Eher beschaulich ist es in den Bergdörfern über der linken Etschseite: in Hafling **[121 D2]**, wo in die Pfarrkirche St. Johann im Dorf ein prähistorisches Steinrelief eingemauert ist, in Vöran **[121 D3]**, wo permzeitliche Aussichtskuppen grandiose Rundblicke erlauben und wo es auch ein Bio-Solar-Fernheizwerk und auf der Vöraner Alm eine der größten Fotovoltaik-Inselanlage Südtirols zu besichtigen gibt, oder in Mölten mit seinen Kulturschätzen **[121 E3]**.

Auskunft zu Hafling und Vöran erteilt der *Tourismusverein Meraner Land, Gampenstr. 95, 39012 Meran, Tel. 04 73 20 04 43, Fax 04 73 20 01 88, www.meranerland.com.* Auskunft zu Mölten erteilt der *Tourismusverein »Südtirols Süden«, Pillhofstr. 1, 39010 Frangart, Tel. 04 71 63 34 88.*

Schenna **[121 D1]**
Wer sich von den vielen Touristen nicht beirren lässt, kann hier eine schöne Zeit zwischen prächtig dekorierten Häusern und Gärten und inmitten üppiger mediterraner Pflanzenpracht verleben. Das Ortsbild wird beherrscht vom *Schloss (Mitte April–Anfang Nov. mehrmals tgl., nur mit Führung, Eintritt 5 Euro)* der mittelalterlichen Herren von Schenna, das im 19. Jh. vom Erzherzog Johann von Österreich erworben und den Grafen von Meran vererbt worden ist, die es noch besitzen. Im selben Zeitraum wie das Schloss ist auch das neugotische *Mausoleum (Eintritt 1 Euro)* für den Erzherzog und seine Familie zu besichtigen.

Mediterrane Pflanzenpracht und prächtig dekorierte Häuser in Schenna

Im Oberdorf von Schenna birgt ein bescheideneres Baudenkmal, die *Rundkirche St. Georg (Mo–Sa 10–12, 14–17 Uhr)* aus dem 12. Jh., kunsthistorische Prachtstücke aus der romanischen und gotischen Stilepoche, darunter einen Flügelaltar aus dem frühen 16. Jh.

Bodenständige Eleganz in Einrichtung und Bewirtung bietet die gräfliche Familie im Wirtshaus *Thurnerhof (Mitte April–Anfang Nov. tgl. 16–24 Uhr, Tel. 04 73 94 57 02, €€)* zwischen Schenna und Verdins.

Auskunft: *Tourismusverein, 39017 Schenna, Tel. 04 73 94 56 69, Fax 04 73 94 55 81, www.schenna.com*

Waalwandern

Im Bereich der Talflanken gibt es im Burggrafenamt und Vinschgau ein wunderbares Rezept zum beschaulichen Erleben der reich strukturierten Kulturlandschaft: Waalwandern! Wandern auf jenen fast ebenen Wegen, die die jahrhundertealten Bewässerungskanäle, die Waale, begleiten. Die Rückkehr mit dem Linienbus ist anzuraten.

Algunder Waalweg **[120 C1]**: ein wildromantischer Weg an jahrhundertealten Bewässerungskanälen entlang von Gratsch bei Meran bis nach Oberplars oder noch weiter bis Töll; ca. 3 Std. Ein Abstecher: *Dorf Tirol* (590 m) und ★ *Schloss Tirol (März bis Nov. Di–So 10–17 Uhr, Eintritt 3,50 Euro)*, 1120–1180 erbautes Stammschloss der Tiroler Grafen; älteste Darstellung des Tiroler Wappenadlers in der oberen Kapelle; berühmtes romanisches Kapellenportal (um 1160) und Kreuzigungsgruppe von 1320; ältestes bemaltes Glasfenster Tirols (um 1350). Dort gibt es auch eine Pflegestation für Greifvögel, die zu besichtigen sich lohnt. Flugschauen finden von April bis November *(tgl. 10–17 Uhr, Eintritt 6 Euro)* statt. Genüssliches am

Mittelalterliches Kleinod: Schloss Tirol

Wege: Der *Sandgruberhof* liegt am Weg von Dorf Tirol zum Schloss, Buschenschank mit Prachtblick. Großartiger noch ist die Aussicht vom *Gasthaus Hochmut* (1323 m); von Dorf Tirol aus fährt eine Seilbahn. Ebenfalls eine phantastische Aussicht und eine exzellente Küche bietet der *Oberlechner Hof* in Vellau, hoch über Algund *(Mi geschl., Vellau 7, Tel. 04 73 44 83 50, €)*.

Insider Tipp

Am Kirchplatz in *Partschins* beherbergt das *Schreibmaschinenmuseum (April–Okt. Mo, Fr 15–18, Di bis Do 10–12 und 15–18 Uhr, Sa 10–12, Nov.–März nur Di 10–12 Uhr, Eintritt 4 Euro)* eine kuriose Sammlung zu Ehren des Erfinders Peter Mitterhofer. *Tourismusvereine: 39019 Dorf Tirol, Tel. 04 73 92 33 14, 39022 Algund, Tel. 04 73 44 86 00, 39020 Partschins, Tel. 04 73 96 71 57*

Der Kuenser Waalweg **[121 D1]** (2,5 Std.) ist ein Rundweg am Eingang ins Passeiertal, einer der schönsten in der Meraner Gegend. *Verkehrsverband, 39010 Riffian-Kuens, Tel. 04 73 24 10 76*

Marlinger Waal **[120 C1–2]**: der längste von allen Waalwegen (12 km von der Töll bis nach Oberlana; ca. 4 Std. Gehzeit). Eine kürzere Version des Weges führt von und nach Marling. Abstecher: *Schloss Lebenberg (Führungen Ostern–Okt. Mo–Sa mehrmals tgl., Eintritt 5 Euro)* über Tscherms, ein romantisches Stück Mittelalter in herrlicher Lage über dem Etschtal. Als »Schneckenkönig«, spezialisiert auf Gerichte mit Biogemüse aus dem eigenen Garten und selbst gezüchteten, gebratenen Schnecken, gilt Onkel Taa in Bad Egart/Töll in seinem bizarren Nostalgierestaurant *(Mo geschl., Bahnhofstr. 17,*

Insider Tipp

Tel. 04 73 96 73 42, €€). Verkehrsverband, Kirchplatz 5, 39020 Marling, Tel. 04 73 44 71 47

LANA

[120–121 C–D 2–3] Dieser lebendige Ort (8000 Ew.) mit seinen Gemeindeteilen Ober-, Mitter- und Unterlana am Unterlauf des Ultner Talbachs Falschauer ist ein guter Stützpunkt für Ausflüge in die Umgebung.

Von April bis Ende Okt. gibt es kulturgeschichtliche Ortsführungen mit Besichtigung von Schloss Braunsberg und der romanischen St. Margarethenkirche. *Anmeldung beim Tourismusverein Lana*

SEHENSWERTES

Schnatterpeck-Altar

★ Ein kunstgeschichtlicher Schwerpunkt ist Lana schon wegen des gewaltigen, über 14 m hohen Schnatterpeck-Altars (um 1505) in der Pfarrkirche Niederlana mit immensem Figurenreichtum und filigraner Dekorpracht. Der aus Schwaben eingewanderte Hans Schnatterpeck hat ihn um 1505 in achtjähriger Arbeit geschaffen. *April bis Okt. tgl. 9.30–11.30 und 14–17 Uhr, Eintritt nur mit Führung (ca. 30 Min.) 1,50 Euro*

MUSEUM

Obstbaumuseum

Dass Lana ein Zentrum im großen Obstgarten Etschtal ist, wird hier deutlich. Auf 2000 m² Ausstellungsfläche bietet das Obstbaumuseum im historischen Ansitz Larchgut Einblick in Anbau und Pflege des Südtiroler Qualitätsobstes. *April–Okt. Di–Sa 10–12 und 14–17 Uhr, So nur nachmittags, Eintritt 3 Euro*

ESSEN & TRINKEN

Kirchsteiger Insider Tipp

Hier kocht Südtirols jüngster Starkoch Christian Pircher. Vorbestellung ratsam. *Do geschl., Probst-Wieser-Weg 5, Völlan, Tel. 04 73 56 80 44, €€€*

Zum Kuckuck

Bauernlokal mit Tiroler Hausmannskost in einer alten Mühle. Exzellente Weinkarte und Zigarrensortiment. *Im Sommer tgl., Gampenstr. 1, Tel. 04 73 56 37 33, €*

ÜBERNACHTEN

Vigilius Mountain Resort

Eine Seilbahn führt von Oberlana hinauf zum Vigiljoch (1800 m). Das elegante Hotel in der Nähe der Bergstation hat einen großen Wellnessbereich und eine Aussichtsterrasse mit dem viel versprechenden Namen *Paradise Garden. 35 Zi. und 6 Suiten, Pawigl 37, Tel. 04 73 55 66 00, Fax 04 73 55 66 99, www.vigilius.com, €€€*

AUSKUNFT

Tourismusverein

A.-Hofer-Str. 7 b, 39011 Lana, Tel. 04 73 56 17 70, Fax 04 73 56 19 79, www.lana.net

ZIELE IN DER UMGEBUNG

Tisens-Prissian/Nals [121 C–D 3–4]

Ein beschaulicher, uralter Höhenweg und eine Burgenroute zugleich ist die Straße von Lana über *Tisens* und *Prissian* nach *Nals*. Für kulturell Interessierte liegt am Weg das vorgeschichtliche Hügelheiligtum von *St. Hippolyt*. In Tisens im Restaurant *Zum Löwen (Mo und Di mittags geschl., Hauptstr. 72, Tel. 04 73 92 09 27, €€)* stimmt das Preis-Leistungs-Verhältnis. Am Fuß des Ansitzes *Katzenzungen* wurzelt eine Rebe, die mit ihren Armen 350 m^2 Boden bedeckt und 600 Jahre alt ist. *Tourismusverein Nals, Dr.-Gregor-Gasser-Str. 2., Dorf 80, 39010 Nals, Tel. 04 71 67 86 19, Fax 04 71 67 81 41, www.nals.info, Tourismusverein, 39010 Tisens, Tel. 04 73 92 08 88, Tourismusverein, 39010 Prissian, Tel. 04 73 92 08 22*

PASSEIERTAL

[113 D4–6] Das von Meran 50 km weit nordwärts ziehende Tal mit Saltaus, St. Martin, St. Leonhard, Walten, Moos, Pfelders und mehreren anderen Dörfern und Weilern ist ein alpiner Kleinkosmos. Hier findet man von Weinbergen bis zu Gletscherlandschaften alle möglichen Vegetationszonen.

Zwei Straßenübergänge führen in den Sterzinger Raum und ins österreichische Ötztal: Jaufenweg (Passhöhe 2094 m) und das Timmelsjoch (2474 m), beide im Winter geschlossen. Herrliche Wanderungen führen zu den elf Schildhöfen aus dem 13. Jh.

ZIELE IM PASSEIERTAL

Gletschermühle von Platt [113 D4]

★ Auf keinen Fall sollten Sie einen Spaziergang zur Gletschermühle beim Untermagdfeldhof in Platt mit seinen Felstöpfen und 15 urzeitlichen *Gletscherausschürfungen* versäumen, die 2,5 m breit und bis zu 3 m tief sind.

Auskunft über den *Tourismusverein, 39013 Moos i. P., Tel. 04 73 64 35 58, Fax 04 73 64 38 80*

Sandwirt [113 D4]

Zwischen den Orten St. Martin und St. Leonhard ist das Gasthaus *Sandwirt (Mo geschl., Passeirer Str. 72, Tel. 04 73 65 61 43, €€)* Ziel all jener Besucher, die mit Tirol den Namen des National- und Freiheitshelden Andreas Hofer, Sandwirt aus dem Passeiertal, verbinden. Hofer führte 1809 die Erhebung der Tiroler gegen die Franzosen an. Sein Todestag am 20. Februar wird in Südtirol bis heute gewürdigt. Das *Museum Passeier-Andreas-Hofer* beim Geburtshaus des Volkshelden ist ebenso dem Tal wie der Person Andreas Hofers gewidmet. Man kann einen 20-minütigen Film über das Leben des Freiheitskämpfers anschauen *(Ostern–Okt. Di–So 10–18 Uhr, Führungen um 16 Uhr, Eintritt 5, mit Führung 7 Euro, Passeirer Str. 72, St. Leonhard i. P., www.museum.passeier.it)*. Auskunft auch über die *Tourismusvereine St. Leonhard und St. Martin*

St. Martin am Schneeberg [113 D2]

Die alte Knappensiedlung auf 2300 m war über eine Erztransportanlage mit dem Bahnhof von Sterzing verbunden. Heute gehört sie mit dem Museumsbereich Ridnaun zum Erlebnisbergwerk Schneeberg, das man unter und über Tage besichtigen kann *(Mai–Okt., Stollenführungen, verschiedene Touren, Eintritt 8 bis*

23 Euro, Info: Erlebnisbergwerk und Schutzhütte Schneeberg, Tel. 04 73 64 70 45, www.schneeberg. org

Walten und St. Leonhard **[113 E4]**

In St. Leonhard (690 m) zweigt die Straße über Walten zum Jaufen ab. Einen guten Panoramblick über ganz Passeier hat man von der *Bergsiedlung Gleiten* (1200 m) über dem Dorf. Historische Reminiszenzen weckt der *Franzosenfriedhof* von 1809 in St. Leonhard. Mitten im Dorf verarbeiten die Brüder Haller in ihrem alten Familienbetrieb heimische Schafwolle. Die Werkstatt kann zu Geschäftszeiten besichtigt werden.

Auskunft erteilt der *Tourismusverein, 39015 St. Leonhard i. P., Tel. 04 73 65 61 88, Fax 04 73 65 66 24, www.passeiertal-hotels.it.*

ULTENTAL

[120 A–C 3–4] In den Gemeinden *St. Pankraz* und *Ulten* hat sich, abgesehen von den Wintersportgebieten auf der Schwemmalm, noch viel Ursprüngliches erhalten – nicht nur die drei *Urlärchen* bei St. Gertraud (30 Min. von der Talstraße), geschätzte 2000 Jahre alt, auch die drei in Stand gesetzten *Untersteiner Mühlen* bei Kuppelwies. Wunderschön sind die sonnenbraunen, hölzernen Höfe mit den steinbeschwerten Schindeldächern, die an den Talhängen kleben. Das Tal mit den reichen Bergwäldern lässt sich variantenreich erwandern – auch auf einem Waalweg entlang dem Locherer Waal: Start und Ziel nahe dem idyllischen Hügelkirchlein *St. Helena* oberhalb St. Pankraz.

Über das Leben im früher weltfernen Ultental können Sie sich unterhaltsam informieren im ★ *Ultner Talmuseum* in *St. Nikolaus (Mai–Sept. Di, Fr 11–12, 15–17, So 10 bis 12, 15–17 Uhr, Spende erbeten).*

Auskunft: *Tourismusverband, St. Walburg 154, 39016 Ulten, Tel. 04 73 79 53 87, Fax 04 73 79 50 49, www.ultental.it*

ZIEL IN DER UMGEBUNG

Deutschnonsberg **[120 B5]**

Zwei der abgelegenen deutschen Gemeinden, *Proveis* und *Laurein,* am (sonst italienischen) Nonsberg sind jetzt per Tunnel vom Ultental her direkt mit Südtirol verbunden. *Unsere liebe Frau im Walde* und *St. Felix* erreicht man auch von Lana übers Gampenjoch. Alle vier suchen mithilfe von EU-Förderprogrammen ihre Strukturschwäche zu touristischer Attraktivität hin zu wandeln, etwa durch Spezialitätenwochen im Frühjahr und Herbst. Auskunft: *Werbegemeinschaft Deutschnonsberg, 39040 Laurein, Tel. 04 63 53 00 88, Fax 04 63 53 21 00, www.ultental-deutschnonsberg.info*

Wandern zu uralten Bergbauernhöfen

Hart und zart – eine Landschaft in Stufen

Weite Teile der Region sind im Herbst ein riesiger Obstgarten

Das Vinschgau, Talfurche und Einzugsgebiet der Etsch, reicht genau genommen von Tschars, westlich von Naturns, bis zum Reschensattel (1500 m). Das sind rund 60 km, aber ein charakteristisches Merkmal der Vinschgauer Landschaft, die hohen Talstufen, zeigt sich schon dort, wo das Etschtal noch burggräflich ist: bei der Talstufe der Töll unweit von Partschins (625 m, sehenswerter Wasserfall).

Die ausgeklügelte Wasserbewirtschaftung durch Waale ist im extrem niederschlagsarmen und durch Fallwinde zusätzlich ausgedörrten Vinschgau viele Jahrhunderte lang von entscheidender Bedeutung gewesen. Realteilung mit der Folge kleiner Wirtschaftseinheiten, eine unruhige Geschichte und häufige Naturkatastrophen waren weitere Gründe für die fast sprichwörtliche Armut besonders des Obervinschgaus. Kinder wurden bis ins 20. Jh. hinein als »Schwabenkinder« zur Arbeit außer Landes (vor allem nach Schwaben) geschickt; viele Familien mussten als fahrende Händler, so genannte »Karrner«, ihren Unterhalt suchen. Die bis ins 17. Jh. hinein starke rätoromanische Prägung des Vinschgaus, das bis 1816 zum Bistum Chur gehörte, ist bis heute im Namengut und in den Siedlungsformen spürbar.

Schloss Goldrain ist eines der bedeutendsten Renaissanceschlösser des Vinschgaus

Im unteren Teil präsentiert sich das Vinschgau als großer Obstgarten zwischen den beiden durch die Ost-West-Ausrichtung sehr unterschiedlichen Talflanken: der waldigen Südseite (Nördersberg) und der ausgedörrten Nordflanke (Sonnenberg), wo die alten Lebensadern der wasserführenden Waale besonders dicht verlaufen. Westlich der Gadriamure bei Kortsch wird das Landschaftsbild herber und im Angesicht der eisgepanzerten Ortlergruppe hochalpin akzentuiert. Bei Mals (von Meran bis hierher soll bald wieder die Bahn verkehren) biegen Tal und Straße nach Norden. Über die schräge Tafel der Malser Haide, etwa über den Waalweg von Burgeis bis zum Haider See, gelangt man zur Wasserscheide des Reschen, wo, unweit der Grenze zu Österreich, die Etsch entspringt. Der uralte Verkehrs- und Handelsweg entlang der Etsch und weiter nach Augsburg, der »Obere Weg«, hat schon früh zu intensiver Besiedlung geführt. Im churrätischen Vinschgau ist die vorromanische Kulturschicht (etwa 700–1000) im Vergleich zu anderen Talschaften am reinsten erhalten geblieben. Auch die romanische Stilphase (11.–13. Jh.) hat hier einen reichen Fundus an Denkmälern hinterlassen, deren Archaik zusammen mit dem Landschaftscharakter den eigentümlichen Reiz des Vinschgaus ausmacht. Auskunft erteilt der *Tourismusverband Vinschgau, Kapuzinerstr. 10, 39028 Schlanders, Tel. 04 73 62 04 80, Fax 04 73 62 04 81, www.vinschgau.suedtirol.com.*

NATURNS

[120 B2] In Naturns (555 m) liegt unweit der Staatsstraße das Insider Tipp *Kirchlein zum hl. Prokulus* (um 630) hochwasserfrei an der ehemaligen Römerstraße, der Via Claudia Augusta. Neue Grabungen haben das kleine Heiligtum noch weiter zurückdatiert als die dem 8. Jh. zugehörigen Fresken, die ältesten des deutschen Sprachraums. Das Resultat war die Entdeckung eines spätantiken Friedhofs aus dem 4./5. Jh., genau an der Nahtstelle zwischen vorchristlichen und christlichen Riten, und eines germanischen Kriegergrabes aus dem 7. Jh. *Besichtigung April–Okt. Di–So 9.30 bis 12, 14.30–17.30 Uhr, Führungen 10 und 15 Uhr, Eintritt 1,50 Euro*

Naturns selbst, das seit 2003 endlich seine Tunnelumfahrung hat, weist mit vielen neuen Hotels und einigen alten Fuhrmannsgasthäusern (z. B. dem *Adler* am Hauptplatz) auf seine Lage am damals wie heute wichtigen Verkehrsweg hin. Im Pub *Papalalap* treffen sich junge Leute *(Mo geschl., Hauptstr. 47)*. Zum Übernachten fühlen Familien sich in der *Familienresidence Tyrol* wohl *(23 Apartments, Hauptstr., Tel. 04 73 66 70 87, Fax 04 73 66 60 90, €€)*.

Auskunft: *Tourismusverein, Rathausstr. 1, 39025 Naturns, Tel. 04 73 66 60 77, Fax 04 73 66 63 69*

ZIELE IN DER UMGEBUNG

Kastelbell-Tschars [119 F2, 120 A2]

Vom Ort an der Reschenstraße (600 m) aus lässt sich eine lohnende Waalwanderung am versteppten *Sonnenberg* machen: Die dreistündige Rundwanderung führt über den Tscharser Schnalswaal zum *Schloss Juval*, das jetzt dem Bergsteiger Reinhold Messner gehört und neben einer umfangreichen Tibetikasammlung besichtigt werden kann *(April–Juni, Sept. bis Nov. Do–Di 10–16 Uhr, nur mit Führung, Eintritt 7 Euro)*. Insider Tipp Beim *Schlosswirt*, unterhalb von Schloss Juval, wird mit tibetisch-tirolerischem Flair gekocht *(Mi geschl, Tel. 04 73 66 82 38, €)*. Feinschmecker gehen lieber ins Jugendstilrestaurant *Kuppelrain (So und Mo-mittag geschl., Bahnhofstr. 16, Tel. 04 73 62 41 03, €€€)*. Auskunft *Tourimusverein, Staatsstr. 5, 39020 Kastelbell-Tschars, Tel. 04 73 62 41 93*

Latsch [119 F2]

Für das Verweilen in der Gegend von Latsch (640 m) gibt es viele Gründe: für Sportler und Kinder ein ganzes Paket von Angeboten, einschließlich Skigebiet auf der Tarscher Alm (bis 2300 m); für Insider Tipp Landschaftsgenießer die mit einer kleinen Seilbahn von Latsch erreichbare Bergsiedlung *St. Martin im Kofel* (von hier führt eine schöne Sonnenbergwanderung nach Schlanders) mit ihrem Kontrast steiler Bergflanken und weiter Schafweiden; für Kunstfreunde die gotischen Fresken (1487) in der *Burgkapelle von Obermontani* (wo eine wichtige Handschrift des Nibelungenliedes gefunden wurde) sowie die Fresken und der große Flügelaltar von Jörg Lederer (um 1520) in der *Spitalkirche* von Latsch.

Einiges davon lässt sich beim ★ *Waalwandern* erkunden: von Latsch über Morter entlang dem Neuwaal und weiter über den Rautwaal und den Latschanderwaal nach Kastelbell. Originell sind an einer Felswand am Neuwaal die Gravuren früherer Waalhüter mit Selbstbildnissen und Beispielen der ausgeklügelten Wasser-»Buchführung«, mit deren Hilfe jeder Wasserbezieher zu seinem Recht kam (Gehzeit 3,5 Std.). Der wasserreiche Latschanderwaal mit seinem üppigen Vegetationsgürtel ist einer der prächtigsten Waale, von Goldrain bis Kastelbell in einer Stunde zu absolvieren.

Mittelalterlich schmausen kann man im *Obermoosburgkeller* (*Di geschl., Schanzenstr. 23, Goldrain, Tel. 04 73 74 21 39, €€*). Insider Tipp

Auskunft beim *Tourismusverein, 39021 Latsch–Goldrain–Morter–Tarsch, Tel. 04 73 62 31 09, Fax 04 73 62 20 42, www.latsch.it*

Martelltal [119 D–E 3–4]

Das Martelltal, das von Morter über den Gemeindesitz Martell bis zum wildromantischen Talschluss unter den Fast-Viertausendern Cevedale und Zufallspitze reicht, ist eine der wenigen alpinen Idyllen, wo der Mangel (an Infrastruktur) auch eine Chance für den touristischen Zukunftsbedarf an »Natur pur« sein könnte. Im Nationalpark Stilfser Joch gelegen, ist das weitgehend unberührte Martelltal dabei, zu ei-

MARCO POLO Highlights »Vinschgau«

★ **Mumie vom Hauslabjoch**
Im Schnalstal wurde Ötzi gefunden (Seite 82)

★ **Waalwandern**
Das Wandern bei Latsch ist ein Naturerlebnis besonderer Art (Seite 81)

★ **Krypta**
Die Freskenmalereien im Kloster Marienberg begeistern jeden Kunstfreund (Seite 85)

★ **Glurns**
Das Zwergstädtchen besticht durch seine malerischen Häuserfronten (Seite 83)

★ **Schloss Churburg**
Die Sammlung in der Rüstkammer dieses Schlosses enthält Waffen aus dem 14. Jh. (Seite 86)

★ **Ortler**
Mit 3900 m Südtirols höchster Berg (Seite 86)

nem Beispiel für »sanften« Tourismus zu werden. Bislang noch ein Tipp, ist es eine kostbare Wander- und eine köstliche Beerenlandschaft. Als Beispiel sei der Weg von Martell zum höchsten Hof, dem Stallwieser (1950 m) mit seiner alten Mühle (Jausenstation!), und zu den in extreme Höhe vorstoßenden Zirbelkiefern empfohlen. Auch im Winter setzt Martell auf Abwechslung mit Langlauf-, Biathlon- und Rodelbahnen.

Auskunft beim *Tourismusverein, Trattla 246, 39020 Martell, Tel. 04 73 74 45 98, Fax 04 73 74 46 98, www.martelltal.info*

Schnalstal [111 E–F5, 112 A6,120 A1]

Hinter Naturns zweigt die ca. 25 km lange Straße ins Schnalstal ab. Hier wurde 1991 die 5300 Jahre alte ★ *Mumie vom Hauslabjoch* gefunden, die unter dem Namen Ötzi weltberühmt wurde. Im Schnalstal – und nicht nur dort – dreht sich seither vieles um den Jäger aus der Kupferzeit. Die Touriswelt hat sogar den Namen geändert: Schnalstal wird nun vielerorts unter dem Namen »Ötzisworld« vermarktet. In *Unserfrau* im Schnalstal wurde ein großer Archeoparc eröffnet, in dem das Leben zu Ötzis Zeiten dargestellt und spielerisch erlebt werden kann. Bauen, jagen, leben wie zu Ötzis Zeiten heißen die Themen. Aber nicht nur dort hat der Ötzi seinen Platz. Ötziexpress nennt sich z. B. ein Ausflug mit der Schneeraupe in die Gletscherwelt zur Erforschung dieses Naturphänomens, und ungezählte Bergtouren und Wanderungen tragen ebenso diesen Namen. Allerorts werden Touren zur Fundstelle am Hauslabjoch angeboten. Die fünfstündige Wanderung kann auch auf zwei Tage mit Schutzhüttenübernachtung aufgeteilt werden.

In vielen Gasthäusern werden Ötzi-Speisen angeboten, Gerichte, die nach uralten Rezepten, mit alten Getreidesorten und Zutaten gekocht werden. Ötzi soll den Südtirolern zufolge aber auch Eis und sogar Pizza gekannt haben. Die zweite Attraktion des Schnalstales ist

Die Vinschgauer lügen nicht

Eine kleine Anekdote, die jeder glaubt

Maximal ist vieles im Vinschgau: die Schroffheit der Berge, die Siedlungshöhe, eine extrem hohe Schneegrenze, extreme Trockenheit, die größten Murkegel … und die besten Lügner (und all das ist wahr). Beim Lügenwettkampf jedenfalls – so erzählt eine Anekdote, die die Vinschgauer auch zu Eingeweihten der Logik macht – wurde jener Vinschgauer Sieger, der sich hinstellte und sagte: Die Vinschgauer lügen nicht! Dass der Vinschgau eine »Intelligenzlandschaft« sei, hat nicht mal ein Vinschgauer gesagt, und dass er eine Künstlerlandschaft ist, bestätigen sogar die Kunstkritiker.

das Ganzjahresskigebiet (nur im Mai und Juni geschl.) am Gletscher hinten im Tal.

Das Schnalstal hat aber auch sonst Superlative zu bieten: den ehemals höchsten Hof mit Getreideanbau, den als Wanderziel beliebten Finailhof auf über 1950 m (bäuerlicher Gastbetrieb mit urigen Speisen) sowie den alljährlichen Schaftrieb der Schnalser Bauern über den rund 3000 m hohen Gletscher zu den Almen in Nordtirol (Mitte Juni und Mitte September).

In *Karthaus*, dem Sitz der Gemeinde, ist das Dorf in die Anlage des ehemaligen Kartäuserklosters Allerengelsberg hineingewachsen. Sehenswert ist der Friedhof mit den vielen Grabkreuzen des Schnalser Eisenplastikers Martin Rainer.

Wer den Rummel am Talschluss links liegen lassen will, kann bei Karthaus rechts abbiegen ins Wandergebiet des *Pfossentals*, das zum Naturpark Texelgruppe gehört (eigene Informationsstelle über den Park gibt es in Naturns).

Übernachten können Sie z. B. im *Piccolo Hotel Gurschler (23 Zi., Kurzras 11, Tel. 04 73 66 21 00, Fax 04 73 66 21 09, €€)*. Auskunft: *Tourismusverein, Karthaus 42, 39020 Schnalstal, Tel. 04 73 67 91 48, Fax 04 73 67 91 77, www.oetzisworld.it*

SCHLANDERS

[119 E2] Vom Hauptort des Vinschgaus (720 m) lassen sich die Orte des Ober- und Untervinschgaus bequem besuchen. Gastronomie und Hotellerie sind in dem rund 5000 Ew. zählenden Ort üppig vorhanden. Schlanders hat eine hübsche Fußgängerzone und obendrein einen ausgezeichneten Weißwein. Auch für Kunstliebhaber hat Schlanders, vor allem mit seinen in üppige Obstgärten gebetteten Ortsteilen Kortsch und Göflan, Sehenswertes zu bieten: in den Kortscher Leiten das exponierte romanische *Felsenkirchlein St. Ägidius*, in der *Kortscher Pfarrkirche* einen kostbaren Flügelaltar in der Nachfolge Schnatterpecks (1510/20), mit der *Schlandersburg* (Sitz der Bibliothek) und *Goldrain* (Kulturveranstaltungen) die beiden bedeutendsten Renaissanceschlösser des Vinschgaus. Der Besuch der *Spitalkirche* mit Gewölbefresken von Mölk (1758) lässt sich gut mit einem Einkaufsbummel verbinden.

Zu dem gotischen Kleinod *St. Martin* in Göflan mit seinen drei frühen Schnitzaltären (1475/80) sollte man unbedingt einen Abstecher machen. Die Sehenswürdigkeiten am Schlanderser und Kortscher Sonnenberg erschließen sich vorzüglich auf den leichten Rundwanderungen des Zaal- und Ilswaals. Wer es etwas beschwerlicher verträgt, mag zu einem wunderbar gelegenen Vinschgauer Berghof aufsteigen, dem *Tappeiner* (1400 m) auf seiner Naturterrasse. Auskunft: *Tourismusverein, Göflanerstr. 27, 39028 Schlanders-Laas, Tel. 04 73 73 01 55, Fax 04 73 62 16 15, www.schlanders.suedtirol.com*

ZIELE IN DER UMGEBUNG

Glurns **[118 B1]**

★ Das Zwergstädtchen Glurns (905 m) ist mit seinen rund 850 Ew. eigentlich nur ein Dorf mit Stadtrecht – aber ein in Südtirol

Glurns, die kleinste Stadt der Alpen, hat ihren dörflichen Charakter bewahrt

einmaliges Ensemble: Es hat sich einen ganz besonderen Charakter bewahrt. Nicht nur die vollständig erhaltene *Ringmauer* (um 1500 von Kaiser Maximilians Hofbaumeister Jörg Kölderer geplant) mit drei Türmen und Eckrondellen, auch die Fassaden, Giebel und Bogengänge der vorwiegend im 16. Jh. erbauten pittoresken »Ackerbürger«-Häuser machen Glurns sehenswert. Die Art und Weise, wie seit 1977 im Rahmen eines Sanierungsprogramms die Bausubstanz gerettet wurde, ist beeindruckend. Heute setzt Glurns voll auf den Fremdenverkehr – und darauf, dass sich wieder mehr jüngere Leute hier niederlassen. Am Mitterwaal entlang kann man von Glurns aus fast bis zur Schweizer Grenze nach Taufers wandern.

Auskunft: *Tourismusverein, Florastr. 19, 39020 Glurns, Tel. 04 73 83 10 97, Fax 04 73 83 52 24, www.glurns-suedtirol.com*

Laas **[119 D2]**

Das Steinmetzwerkzeug im Gemeindewappen und die vielen baulichen Akzente in reinem Weiß deuten auf die größte Besonderheit des Ortes (870 m) hin: das Marmorvorkommen im Laaser Tal. Der chemisch fast reine Kalkstein ist witterungsbeständiger als der griechische und der von Carrara und trotz modischer Schwankungen seit Jahrhunderten beliebt als Material für Skulpturen – bis nach Wien und Berlin. Daher ist Laas auch Standort einer Steinmetzschule und Veranstaltungsort für Bildhauersymposien. Laaser Marmor prägt die Bauplastiken in der Pfarrkirche, einer interessanten und gelungenen Verbindung romanischer Teile (rekonstruierte Rundapsis des 12. Jhs.) mit neuen Bauelementen. Noch älter und sicher vorromanisch ist das am Nordrand des Dorfs gelegene *St. Sisinius-Kirchlein*, zu dem man auch auf einer prächtigen, zweistündigen Rundwanderung über die so genannte Gadriamure gelangt. Der die ganze Gegend beherrschende Murkegel (der zweitgrößte der gesamten Alpen) ist noch durchzogen von den Spuren des alten Waalsystems und zeigt die typische Steppenvegetation des Vinschgauer Sonnenbergs mit Federgras, Tragant, Sanddorn, Wermut und duftenden Kräutern.

Auskunft über den *Tourismusverein Schlanders-Laas, Göflanerstr. 27, 39023 Schlanders-Laas, Tel. 047 37 30 15 55, Fax 04 73 62 66 13, www.laas.suedtirol.com*

Laatsch **[118 B1]**

Laatsch ist ein gutes Beispiel für ein Obervinschgauer Dorf. Verstärkt wird der Eindruck archaischer Weltferne durch drei Kirchenbauten außerhalb der Siedlung: die doppelgeschossige *Leonhardskirche* mit Innenausstattung aus dem frühen 15. Jh., die gleich alte *Cäsariuskirche* und die daneben am alten Quellheiligtum stehende *Kirche zu den heiligen Ärzten Kosmas und Damian*. Auch von hier lässt sich eine Wanderung nach Taufers im Münstertal machen. Besonders reizvoll: die lichten Lärchenwälder.

Mals **[118 B1]**

Auf engem Raum finden sich wichtige Zeugnisse der Obervinschgauer Kulturgeschichte, immer verbunden mit starken Landschaftseindrücken: Mals (1050 m), ein lebhafter Markt am Reschenweg von alters her, hat fünf Türme. Einer davon gehört zur St.-Benedikt-Kirche aus dem 8. Jh. mit bekannten karolingischen Fresken. Weithin bekannt ist der Gasthof *Weißes Kreuz* in Burgeis *(30 Zi., Burgeis 82, Tel. 04 73 83 13 07, Fax 04 73 62 04 81, €€)*.

Den Weg von Burgeis vorbei an der Fürstenburg der Churer Bischöfe hinauf zur leuchtenden »Festung« des *Klosters Marienberg* sollte man zu Fuß machen. Das 900 Jahre alte höchste Benediktinerstift Europas ist lange das geistige und geistliche Zentrum des Vinschgaus gewesen, auch was die Verbreitung der deutschen Sprache (gegen die ältere rätoromanische) betrifft. Heute wird das Kloster wegen seiner Kunstschätze viel besucht: der im 17. Jh. gründlich barockisierten, ursprünglich romanischen dreischiffigen Pfeilerbasilika und der 1981 durch Freilegung wieder hergestellten ★ *Krypta* mit ihrem großartigen Freskenprogramm (um 1180), durch das Marienberg zu einem erstrangigen Denkmal romanischer Wandmalerei überhaupt geworden ist. *Führungen Juli–Okt. Mo–Sa mehrmals tgl., feiertags geschl., sonst nach Voranmeldung, Eintritt 3 Euro, Tel. 04 73 83 13 06*

Das frühe Christentum, aber auch die »heidnische« Bronzezeit haben ihre Spuren hinterlassen am Felshügel des Tartscher Bühel. Gekrönt wird der sagenumrankte Hügel von der romanischen St.-Veits-Kirche.

Zum Übernachten empfiehlt sich das *Hotel Greif*, ein Umweltsiegelbetrieb, wo (fast) alles aus dem Ökoanbau kommt *(15 Zi., Gen.-I.-Verdross-Str. 40 a, Tel. 04 73 83 11 89, Fax 04 73 83 19 06, €€)*.

Auskunft erteilt die *Ferienregion Obervinschgau, St.-Benedikt-Str. 1, 39024 Mals, Tel. 04 73 83 11 90, Fax 04 73 83 19 01, www.ferienregion-obervinschgau.it.*

Ortlergebiet **[118 A–C 2–4]**
Etwa ab Tschengls, wo die Talsohle von der Tschenglser Hochwand (3378 m) um fast 2500 m überragt wird (ein Rekord an relativer Höhe in den Ostalpen), setzt sich die herbe Schattierung der Obervinschgauer Landschaft endgültig durch. Die Talweitung, an deren Rändern Prad, Glurns, Mals und Schluderns liegen, ist ein guter Ausgangs- und Orientierungspunkt für Kunstbegeisterte; der ganze obere Vinschgau wird dazu von Berg- und Wintersportlern geschätzt. Zusätzliche Attraktivität erhält die Gegend durch ihre Grenznähe zur Schweiz und zu Österreich sowie durch Europas höchste Passstraße, das Stilfser Joch (2760 m). Vom Ort Prad im Etschtal, auf 915 m gelegen, windet sich die Straße über fast 50 Serpentinen auf Passhöhe.

Auf dem Weg von Prad zum Stilfser Joch gabelt sich die Straße in Gomagoi. Geradeaus führt sie weiter ins Trafoier Tal, links biegt sie ab ins von der eindrucksvollen Berggruppe des ★ *Ortlers* geprägte Suldental **[118 B–C 3–4]**. Vom Ort *Sulden*, bereits Anfang des 20. Jhs. als Ferienort bekannt, kann man hochalpine Sommer- und Wintertouren unternehmen.

Reinhold Messner macht sich mit seiner Ausstellung *Alpine Curiosa (tgl. 9–19 Uhr, Eintritt frei)* einen Namen, neuerdings auch mit dem Spezialitätenlokal *Yak & Yeti (tgl., aber nur in der Hauptsaison geöffnet, Tel. 04 73 61 32 66, €€)*, wo es zwar Fleisch vom Yak, aber nicht vom Yeti gibt. Sulden bietet sich auch als Ausgangspunkt für Ausflüge zum Naturpark Stilfser Joch an.

Auskunft erteilt die *Ferienregion Ortlergebiet, Hauptstr. 72, 39029 Sulden, Tel. 04 73 61 30 15.*

Prad **[118 C2]**
Die aus dem 13. Jh. stammende *Burgruine Lichtenberg* im gleichnamigen Ortsteil von Prad (915 m) birgt Reste eines (abgelösten und in Innsbruck aufbewahrten) Freskenzyklus und ist ebenso sehenswert wie die außerhalb von Prad liegende romanische Kirche *St. Johann.*

Auskunft erteilt der *Tourismusverein, Kreuzweg 4 c, 39026 Prad am Stilfser Joch, Tel. 04 73 61 60 34.*

Reschen **[110 B3]**
Am Reschenpass liegt ein Stück Vinschgau, das zu den meistfotografierten des Landes gehört. Um den Stausee zu bauen, wurde im Jahr 1950 das Dorf Graun überflutet. Heute ragt nur noch der Kirchturm aus den Fluten, in denen sich der Ortler spiegelt. Oasen der Ruhe sind das Langtaufer- und Rojental. Hier sind hochalpine Wanderungen durch Alpenrosenfelder angesagt. Im Winter ist Schöneben ein gemütliches Skigebiet. Info: *Tourismusverein Vinschgauer Oberland, Hauptstr., 39020 St. Valentin, Tel. 04 73 63 31 01, Fax 04 73 63 47 13*

Schluderns **[118 C1]**
Am Fuße des Sonnenbergs, windgeschützt und sonnig, liegt Schluderns, ein kleines Bauerndorf mit leicht südlichem Charakter und ein richtiger Ortler-»Balkon«. Schluderns besitzt eines der regional bedeutenden Kunstdenkmäler: ★ *Schloss Churburg* (älteste Teile um 1300), seit bald einem halben

Jahrtausend im Besitz der Grafen Trapp, die sich nicht nur um die bauliche Ausstattung (Turnierplatz, Loggienhof, Jakobzimmer, Kapelle, Rüstkammer), sondern auch um deren hervorragende Erhaltung verdient gemacht haben. Größte Einzelattraktion ist die Rüstkammer, die bedeutendste private in Europa, keine Sammlung im üblichen Sinn, sondern das »Familieneisen« der Churburger Herren – es weist zurück bis ins 14. Jh. *März–Nov. Di–So 10–12, 14–16.30 Uhr, Eintritt 6 Euro*

Im großen Bogen umwandern lässt sich die Churburg auch auf zwei Waalwegen entlang Gschneirer Waal und Bergwaal gegen das urtümliche, den »rätischen« Charakter des Vinschgaus noch besonders stark widerspiegelnde Matscher Tal (3 Std.) hin. In der Nähe liegt das *Ganglegg*, eine bedeutende prähistorische Fundstätte. Das *Vintschger Museum (März–Okt. Di–So 10–12, 15–18 Uhr, Eintritt 3,50 Euro)* in Schluderns vermittelt z. B. anhand der Dauerausstellung über die Waalbewässerung Einblick in die Lebensweise und Kultur des Tals.

Insider Tipp

Auskunft erteilt der *Tourismusverein, Meraner Str. 1, 39020 Schluderns, Tel. 04 73 61 52 58, Fax 04 73 61 54 44.*

Taufers im Münstertal [118 A2]

Hinter diesem Ort (1000 Ew.) verläuft die Schweizer Grenze. Das von den zwei mächtigen Burgruinen *Rotund* und *Reichenbach* beherrschte Dorf hat seine Hauptsehenswürdigkeit in dem burgartigen Baukomplex von *Pilgerhospiz* und der romanischen *Kirche zu St. Johann*, im 13. Jh. von den Johannitern an der Verkehrsader über den Ofenpass erbaut und mit byzantinisch beeinflussten Wandbildern ausgestattet.

Auskunft: *Tourismusverein, St.-Johann-Str. 37, 39020 Taufers im Münstertal, Tel. 04 73 83 21 68, Fax 04 73 83 23 50*

Vorzüglich erhalten: der Arkadenhof im Schloss Churburg in Schluderns

Schaustraßen zum Staunen

Die Touren sind in der Karte auf dem hinteren Umschlag und im Reiseatlas ab Seite 110 grün markiert

1 GROSSE DOLOMITENROUTE

Die große Dolomitenroute von Bozen über Cortina d'Ampezzo nach Toblach ist die klassische Gebirgsstraße zum Schauen und Staunen. Sie führt durch ein weltberühmtes, höchst bizarres Felsengebirge, überwindet drei Pässe (zwei davon liegen über 2000 m hoch) und streift zwei sehenswerte Städte: die alte Handelsstadt Bozen und die Olympiastadt Cortina. Nicht vergessen sollten Sie einen warmen Pullover, denn auf den Pässen kann es auch im Sommer ganz schön kalt sein. Für ein Picknick finden Sie auf den Almwiesen am Wegesrand Gelegenheit genug.

Für die Fahrt sollten Sie einen ganzen Tag einplanen. Am schönsten ist sie im Sommer. Die beste Fernsicht gibt's im September/Oktober; im Juli oder August wählen Sie am besten den Tag nach einem großen Regen, dann steigen die Dunstwolken so hoch, dass alle Gipfel klar zu erkennen sind. Außer der Großen Dolomitenroute gibt's noch zwei weitere Varianten. Für die kleine (etwa dreistündige Fahrt) fahren Sie auf derselben Route von Bozen bis nach Canazei und wählen dann die Abzweigung zum Sellajoch und weiter nach Gröden. Etwa zwei Stunden länger ist der Weg von Canazei über Pordoijoch (Seilbahn mit einmaligem Rundblick) und Campolongopass ins Gadertal (Corvara). Über Grödnerjoch und Grödnertal geht's von dort zurück nach Bozen.

Insider Tipp

Zwischen Grödner- und Fassatal: die imposante Sellagruppe

Die Strecke beginnt in Kardaun nahe *Bozen* an der Mündung des Eggentals, die vom pittoresk auf seinem Porphyrfelsen hockenden *Schloss Karneid* bewacht wird, und folgt der dramatisch-engen Bachschlucht. Über Welschnofen zu Füßen von Rosengarten und Latemar geht es durch prächtige Bergwälder zum spiegelblanken *Karersee (S. 33)*, in dem sich die Bergkulisse des Latemar verdoppelt. Hier sollten Sie die Gelegenheit nutzen und sich auf dem 15-minütigen Spaziergang um den See die Beine vertreten. Der Weg lohnt sich. Über den *Karerpass* (1753 m) geht es weiter ins an Südtirol angrenzende trentinische *Fassatal*, das vom Sellastock beherrscht wird. Am nördlichen Ortsausgang von Canazei beginnt die Auffahrt zum Pordoi-Joch: In 27 Kehren schraubt sich die Straße durch schöne Zirbenwälder und Hochweiden dem Sellastock und der Passhöhe (2239 m) entgegen. Zur Bergkulisse gehört auch der *Col di Lana*, der »Blutberg« des Ersten Weltkriegs, dessen Bergkuppe nach einer über einjährigen Belagerung durch italienische Truppen mitsamt den ihn besetzt haltenden Österreichern gesprengt worden war.

Über Arabba geht es auf den Falzarego-Pass (2105 m), ebenfalls altes Kriegsgebiet. Am *Sasso di Stria* (Hexenstein), sichtbar von der Passhöhe aus, führt ein 500 m langer Stollen durch den Berg hindurch zur vorgeschobenen österreichischen Stellung.

Abwärts geht es jetzt nach *Cortina d'Ampezzo*, 1956 Austragungsort der Olympischen Winterspiele, umgeben von legendären Gipfeln mit klangvollen ladinischen Namen wie Cristallo, Sorapiss, Antelao, Tofane. Sommers wie winters ist Cortina heute ein mondäner Ort des Sehens und Gesehenwerdens, vor allem für die Schickeria aus den italienischen Großstädten.

Treff der Schickeria: Cortina

Cortina ist von einem Kranz von Bergbahnen umgeben, die allen spektakulären Bergen ringsum, z. B. der *Tofana di mezzo* (3244 m), bedenkenlos auf den Pelz rücken.

Wer jetzt noch nicht genug vom Pässeklettern hat, kann von Cortina über den Tre-Croci-Pass (1809 m) einen Abstecher zum *Misurina-See* (1735 m) machen und von dort weiterfahren nach Toblach. In diesem Fall geht die Fahrt über den flachen Sattel von *Cimabanche* (Gemärk) zur reizvollen alten Hotelsiedlung *Schluderbach* und, im Bann der Drei Zinnen, nach *Toblach* *(S. 49)*.

Wählt man in Arabba die Streckenvariante ins Gadertal, so lässt sich der Gebirgsstock der Sella über weitere vier Dolomitenpässe erkunden und umrunden: Campolongo (1875 m) – Corvara (1511 m) – Grödner Joch (2121 m) – Sellajoch (2214 m).

Diese »Sellaronda« lässt sich übrigens mit vier verschiedenen Fortbewegungsmitteln machen: per Auto, wie geschildert, per Bus (mit einem speziellen Rundfahrt-Ticket, der »Sellaronda-Card«), zu Fuß (seilbahn- und busgestützt) und im Winter als Super-Ski-Abfahrt, liftgestützt, aber dennoch anspruchsvoll und anstrengend, durch die Gebiete Alta Badia, Gröden, Fassa, Arabba (dazu ist günstig der Dolomiti-Superski-Pass).

2 DREILÄNDER-RUNDFAHRT IM ORTLERGEBIET

Die Route führt von der Abzweigung der Stilfser-Joch-Straße bei Spondinig im Obervinschgau über Prad und Trafoi in 48 Kehren zum Stilfser Joch und von dort aus über Sta. Maria im Münstertal und Taufers nach Glurns zurück. Wer viel Zeit hat, fährt von Sta. Maria westlich über den Ofenpass durch das schweizerische Engadin, überquert bei Martina die Grenze nach Österreich, stattet Nauders einen Besuch ab, bevor er über den Reschenpass ins Obervinschgau zurückkehrt. Achtung: Im Gegensatz zu den Dolomitenpässen sind Stilfser Joch und Umbrail-Pass zwischen November und April/Mai geschlossen.

Für die kürzere Route (ca. 150 km ohne Abstecher) sollten Sie einen ganzen Tag einplanen, für die längere Variante über das Engadin entsprechend länger. Als Übernachtungsort eignet sich das Stilfser Joch (Hotel Thoeni 3000, 45 Zi., Mai–Okt., Stilfser Joch, Ortsteil

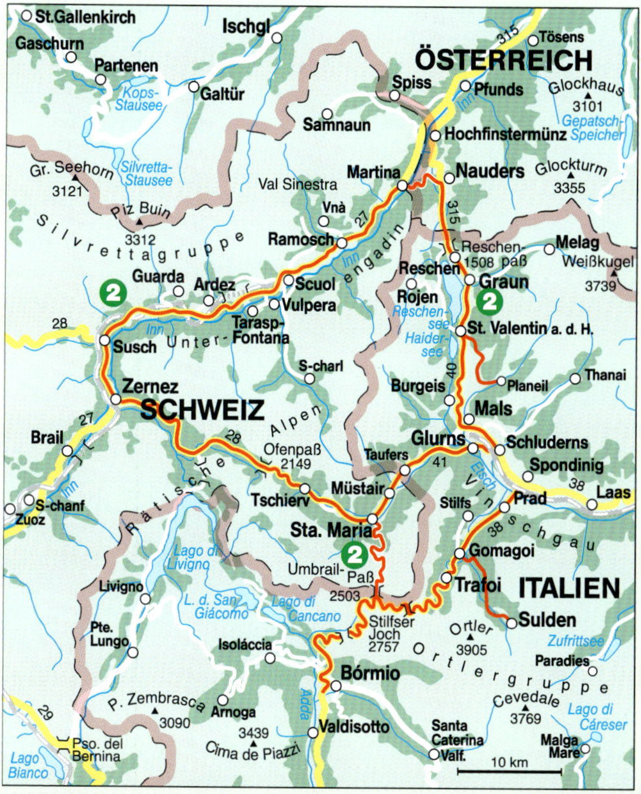

Nagler, Tel. 03 42 90 33 21, Fax 03 42 90 33 24, www.thoni3000.it, €) direkt am Pass. Sollten Sie Lust auf ein Picknick haben, finden Sie am Straßenrand genug grüne Wiesen.

Von Spondinig fahren Sie über Prad und Stilfs nach Trafoi. Unterwegs können Sie einen Abstecher nach Südosten in das hochalpine Insider Tipp Ortler-Dorf *Sulden (S. 86)* machen. Von Trafoi aus führen 48 Kehren zum *Stilfser Joch* (2757 m). Rufen Sie sich in Erinnerung, dass diese ungemein kühne »Königin der Alpenstraßen« bereits im ersten Viertel des 19. Jhs. fertig gestellt wurde: ein Kaiserwort von Franz I. von Österreich für die kürzeste Verbindung zwischen (dem damals noch österreichischen) Mailand und Tirol. Kurz darauf haben Sie den schweizerischen *Umbrail-Pass* (2502 m) erreicht.

Wer mag, kann hier der Straße folgen und dem hübschen Erholungsort *Bormio* einen Besuch abstatten. Ansonsten geht es gleich hinterm Pass rechts ab nach *Sta. Maria im Münstertal*, das mitten im rätoromanischen Sprachgebiet Graubündens liegt. Hier können Sie sich für eine kürzere oder längere Routenvariante entscheiden.

Die kürzere Route führt Sie nach Südtirol über die Grenzorte Müstair (Schweiz) und Taufers im Münstertal/Südtirol nach Glurns und weiter nach Schluderns zurück. In diesem Fall ist die Besichtigung des in *Müstair* gelegenen Benediktinerinnenklosters Insider Tipp ein Muss. Die karolingische Gründung (um 780), die von der Unesco unter Schutz gestellt wurde, enthält in der *Stiftskirche* einen umfangreichen, um 800 entstandenen Freskenzyklus. Mit den Kunstschätzen jenseits der Grenze in *Taufers im Münstertal (S. 87*, Hospiz und Kirche St. Johann), dem reizenden und reizvoll wieder belebten mittel-

Land unter: der Kirchturm von Graun im Reschensee

Das Kloster Marienberg ist das am höchsten gelegene Kloster der Alpen

alterlichen Kleinststädtchen *Glurns (S. 83)*, der prächtigen Ritterburg *Churburg (S. 86)* bei Schluderns, den großartigen Kryptafresken im *Kloster Marienberg (S. 85)* und den Fresken von *St. Benedikt/Mals (S. 85)* ist diese kurze Routenvariante zugleich eine kleine Kunstreise durch das mittelalterliche Südtirol.

Wählen Sie ab Sta. Maria die Strecke nach Westen und verlängern Ihren Schweiz-Aufenthalt, führt die Straße über den ganzjährig geöffneten *Ofenpass* und *Zernez* durch das Unterengadin nach *Martina*. Von dort aus geht es ins österreichische *Nauders*. Über den *Reschenpass* (1508 m) – den niedrigsten Alpenübergang schätzten schon die Römer als Teil ihrer Via Claudia Augusta) – geht die Fahrt am *Reschensee* vorbei. In diesem Stausee haben die ehemaligen Bewohner von Graun 1949 ihr altes Dorf versinken sehen. Nur der gotische Turm der Pfarrkirche ragt noch aus dem Wasser und gibt ein oft fotografiertes Denkzeichen ab.

Dann führt die Straße hinter dem kleineren, malerischen *Haider See* abwärts über die schräge Tafel der Malser Haide. Ein letzter Abstecher könnte von Dörfl bei St. Valentin auf einer kleinen Nebenstraße an dem Edelsitz Plawenn vorbei über Alsack ins weltentrückte *Planeil* führen. Bleiben Sie auf der Hauptstraße, werden Sie bei *Burgeis* die weiße Festung von *Kloster Marienberg (S. 85)* sehen – und unbedingt besuchen wollen. Über das anheimelnde *Mals (S. 85)* mit seinen fünf Türmen, die zu den Kirchen und der Ruine einer Burg aus dem 12. Jh. gehören, geht es nach *Schluderns (S. 86)*, wo Sie nach der Besichtigung des Schlosses Churburg diese Route mit einer Wanderung auf einem Waalweg ausklingen lassen können.

Aktivurlaub in freier Natur

Klettern, Wandern, Golfen oder Biken: In Südtirol ist fast jede Sportart möglich

Südtirol ist ein Urlaubsziel für aktive Menschen. Gut 90 Prozent aller Gäste kommen zum Wandern und Skilaufen ins Land, und entsprechend gut ist die Infrastruktur in den Tourismuszentren. Ausgeschilderte Wanderwege, Klettersteige und Spaziergänge locken ins Freie. Die meisten führen zu Alm- oder Schutzhütten, wo man gut bewirtet wird. Moderne Aufstiegsanlagen stehen in den Skigebieten. Außerdem finden Sie Tennisanlagen, Reitställe und Golfplätze und (beschränkt) Segel- und Windsurfmöglichkeiten. Großer Beliebtheit erfreut sich in Südtirol das Radfahren. Radwege ziehen sich durch fast alle Täler, in den Bergen ist Mountainbiken angesagt. Und wer das Extreme liebt, kommt auch nicht zu kurz: Rafting, Paragliding, Kanufahren oder Fallschirmspringen – alles ist möglich.

BIKEN

Südtirol auf zwei Rädern zu durchstreifen ist auch ohne große Anstrengung möglich. Vor allem im Etschtal gibt es gemütliche Radwanderwege, die durch heimelige Dörfer und zu den Badeseen führen. Wunderschön sind Radausflüge durch die Apfelblüte im Etschtal von April bis Mai. Inside Tipp Sportliche können an einem Tag von Bozen bis an den Gardasee radeln. Beliebt ist der Radwanderweg vom Hochpustertal bis nach Lienz. Auf den Bergstraßen können Radausflüge ganz schön schweißtreibend werden. Abseits der Fahrstraßen ist ein Mountainbike genau das Richtige. Hochburgen der Extrembiker sind Alta Badia, das Sarntal und Gröden. Alles übers Biken in Südtirol erfahren Sie auf folgenden Websites: *www.bikearena.it, www.bikehotel.it, www.italybikehotels.it, www.bike-holidays.com*

GOLF

Südtirol hat mittlerweile sechs Golfclubs. Der einzige 18-Loch-Golfplatz (Par 67) ist in Petersberg. Weitere Plätze gibt es am Karerpass (hier spielte schon Kaiserin Sissi), im Passeiertal, in Alta Badia, am Deutschnonsberg und in Lana. Die Plätze liegen mit Ausnahme von Lana (300 m) im bergigen Gelände, durchweg über 1200 Höhenmetern. Gastspieler werden zugelassen, sofern sie Platzreife besitzen.

Hit unter den Extremsportarten: Freeclimbing

Geöffnet sind die meisten Plätze von Mai bis Mitte Oktober, nur in Lana wird fast ganzjährig gespielt. Infos: *www.golfinsuedtirol.it*

KLETTERN

Im Land der Berge ist Klettern hoch angesagt. Angesichts der vielen Gipfel wundert es keinen, dass zwei der besten Bergsteiger unserer Zeiten, nämlich Reinhold Messner und Hans Kammerlander, in Südtirol zu Hause sind. Die Kletterheimat Messners liegt in Villnöß, einem urigen Bergtal, das einmalige Berg- und Klettertouren in die Dolomiten erschließt. Kammerlander ist im Ahrntal zu Hause, wo er auch eine Alpinschule betreibt. Von dort aus sind die vergletscherten Dreitausender der Zillertaler-, Rieserferner- und Tauerngruppe zu begehen. In Kasern (Ahrntal) gibt es einen Insider Tipp einzigartigen Hochseilklettergarten. Zwischen Lärchen sind Strickleitern und Hängebrücken gespannt, deren Begehung schon einigen Mut abverlangt. Das klassische Klettergebiet Südtirols liegt im Herzen der Dolomiten (Gröden und Gadertal), allerdings ist es hier, vor allem im August, sehr überlaufen. Am Sellastock sehen die Kletterrouten dann schon wie Ameisenwege aus. Infos über den örtlichen Tourismusverein oder beim Bergführerverband, *Tel. 04 71 97 63 57*

REITEN

Auch Reitern hat Südtirol einiges zu bieten. In Wiesen bei Sterzing, in Meran, Bozen, Olang und Reischach befinden sich große Reitställe und Reitplätze, auf denen auch Turniere von europäischer Bedeutung ausgetragen werden. Als Freizeitpferd rangiert der Haflinger an erster Stelle. Ausflüge mit den Alpenponys sind in fast allen Ferienorten möglich und auch Anfängern zu empfehlen. Pferdetrekkings starten vorwiegend ab Corvara und Jenesien.

SCHWIMMEN

Baden, wo die Seerosen blühen: Südtirol lockt mit einer Unzahl von Seen, deren ruhige Wasser von April bis September zum Baden einladen. Der bekannteste davon ist der weinbergumrahmte Kalterer See im Überetsch. Segler und Surfer sind vom warmen Wind begeistert, der pünktlich gegen 14 Uhr vom Gardasee eintrifft. Genauso beliebt sind die beiden Montiggler Waldseen. Außerdem wartet Südtirol mit einer Reihe von Erlebnisschwimmbädern auf. Die besten sind in Brixen, Innichen, Sand in Taufers und Tramin.

SKIFAHREN

Das Skigebiet par excellence liegt im Herzen der Dolomiten zwischen St. Ulrich (Gröden) und Corvara (Gadertal). Superski Dolomiti ist nicht nur eine der größten Skiarenen der Welt, sondern mit den phantastischen Dolomitenblicken gewiss eine der schönsten! Für Familien, Anfänger und gemütliche Fahrer eignen sich die Seiser Alm, Reinswald im Sarntal und der Watles im Vinschgau. Sommerskilauf gibt's im Schnalstal, in Sulden und am Stilfser Joch. Snowboarder sind besonders gerne am Kronplatz unterwegs. Die schönsten Langlaufloipen werden im Oberen Pustertal

(Toblach, Innichen oder Fischleintal) und auf der Seiser Alm angelegt.

TENNIS

In fast allen Südtiroler Ferienorten gibt es Tennisplätze. Gespielt wird vorwiegend auf rotem Sand. Für Profis oder solche, die es werden wollen, gibt es Tenniscamps. Seit 1992 hat die Van der Meer Tennis University von Hilton Head Island (USA) einen Stützpunkt in Marling. Intensivkurse und Wettkampftraining bietet auch die Tennisanlage im Altenburger Wald (Kaltern), der vielleicht schönste Club ist aber jener von Eppan/Rungg.

WANDERN

Südtirol bietet auf 7400 m^2 eine unglaubliche Vielfalt an Wanderwegen, die eine äußerst abwechslungsreiche Landschaft erschließen. Grundsätzlich gibt es für jede Jahreszeit herrliche Ausflüge und Touren. Im Frühjahr bietet sich der Talboden an, bis zum Altweibersommer geht's dann immer höher hinauf. Von Ende Juni bis Mitte September sind Almen und Schutzhütten bewirtschaftet. Spaziergänger und Kinder finden auf der Seiser Alm und am Ritten ihr Paradies, zünftige Geher sind in den Dolomiten und im Ahrntal richtig am Platz, und Gletscherfreunde besuchen am besten das Ortlergebiet. Einer der schönsten Wanderwege in den Dolomiten ist der Adolf-Munkel-Weg in Villnöß.

Übrigens: Den besten Fernblick von den Gipfeln, aber auch aus dem Tal, haben Sie im September und Oktober. Wanderparadiese sind die acht Südtiroler Naturparks. Wer die Routen allein planen möchte, erhält Auskünfte aller Art beim Alpenverein, wer sich lieber einer geführten Wanderung anschließt, wendet sich an den örtlichen Tourismusverein. Für Hochgebirgstouren und vor allem am Gletscher sind Führer unerlässlich.

Möglich sind übrigens nicht nur Tageswanderungen, sondern sogar eine Südtirolumrundung, von Schutzhütte zu Schutzhütte *(geöffnet Juli–Sept.)*. Gratis bekommen Sie einen Katalog mit 66 Wandervorschlägen über die *Südtirol Marketing Gesellschaft, Pfarrplatz 1, 39100 Bozen, Tel. 04 71 99 99 99, Fax 04 71 99 99 00, www.suedtirol.info. Alpine Auskunft für Wanderer, Bergsteiger und Skitouristen: Pfarrplatz 1, 39100 Bozen, Tel. 04 71 99 99 55*

WASSERSPORT

Rafting wird vor allem im Ahrntal angeboten, wo der neue Modesport allerdings Wasserfallklettern heißt. Auf der Passer in Meran gibt es ideale Möglichkeiten zum Kanufahren. Segeln kann man am Kalterer See und am Reschen.

Spritziges Raftingvergnügen im Wildwasser

Tiere, Wiesen und Badeseen

Stubenhocker haben keine Chance: Südtirols Natur ist wie ein großer Kinderspielplatz

Kleine Engel, Feen und Wildlinge werden an Südtirol ihre Freude haben. Die freie Natur bietet massenhaft Platz zum Herumtoben, und die Südtiroler selbst haben ein Herz für Kinder. Ideal für Kinder sind Bauernhöfe und Almen, wo man auch Unterkunft finden kann. Nach Abwechslung im Familienurlaub braucht man nicht lange zu suchen. Das Angebot der meisten Tourismusvereine sieht im Sommer spezielle Kinderprogramme mit Naturbeobachtungen und Besuchen am Bauernhof vor. Im Winter gibt es Skikindergärten und »Zwerglexkursionen«. Vielerorts fahren Kinder bis zu sechs Jahren gratis mit dem Lift, und in Museen, Schlössern und anderen Sehenswürdigkeiten gibt es durchweg Kinderermäßigung bzw. Familienkarten. Hotels in kinderfreundlichen Gebieten lassen Kinder bis zu zwölf Jahren in der Nebensaison auch schon mal gratis übernachten. Halbe Portionen oder Kinderteller sind an der Tagesordnung, und in den Familienhotels ist alles für die Kleinen vorbereitet, vom Wickeltisch bis zur Sicherheitssteckdose.

Südtiroler haben ein Herz für Kinder

EISACKTAL

Bienenmuseum **[122 A4]**
Ein Bienenmuseum lockt Kinder auf den Plattnerhof in Wolfsgruben. Die fleißigen Tierchen können bei der Arbeit beobachtet werden, außerdem wird vorgeführt, wie Honig geschleudert und Bienenwachs gewonnen wird. *Mitte April–Okt. tgl. 10–18 Uhr, Eintritt 9 Euro (Familienpreis), www.ritten.com*

Hexenzeit im Schlerngebiet **[122 C4]** Insider Tipp
Unterm Schlern, wo der Sage nach Hexen und Hexenmeister ihre heimlichen Zusammenkünfte halten, stehen Kinderferien genau in diesem Zeichen. Hexenwanderungen, Geisterstunden und Hexenkonzerte wechseln sich ab mit Märchennachmittagen auf der blumenbestandenen Seiser Alm. Info: *Tourismusverein Seiser Alm, Tel. 04 71 72 79 04, Fax 04 71 72 78 28, www.schlerngebiet.com*

Kohlerer Seilbahn **[121 F5]**
Die älteste Seilbahn Europas führt von Bozen/Kampill nach Kohlern. Wenn sie losfährt, schwingt jedes Kinderherz im gleichen Takt. Oben angekommen, locken die Schnei-

derwiesen zum Herumtollen und gemütlichen Picknick. *Die Bahn fährt von 8 bis 20 Uhr tgl. alle 30 Min., Hin- und Rückfahrt 2,60 Euro, Kinder bis 3 Jahre gratis, bis 1,40 m 1,55 Euro.*

Ötzimuseum **[121 F5]**
Für größere Kindergruppen bietet das Archäologiemuseum von Bozen spezielle Führungen an. Die Kleinen erleben, wie man vor Jahrhunderten Farben gemischt hat, gehen auf Schatzsuche und dürfen in Ötzis Kleider schlüpfen. Auskunft zu speziellen Kinderveranstaltungen *(3,50–7 Euro): Tel. 04 71 32 01 24 oder 32 01 25, Fax 04 71 32 01 22, www.iceman.it*

PUSTERTAL

Acqua Fun **[125 E2]**
Ganzjährig geöffnet ist das Erlebnisbad in Innichen mit Wasserrutschen, Sprudeldüsen und allerlei Spielen. Für die Eltern gibt es einen fabelhaften Wellnessbereich mit Sauna und Kneippbädern. *Wechselnde Öffnungszeiten, Eintritt 8 Euro, Kinder bis 14 Jahre 3,60 Euro*

Schwarzbachalm **[116 C1]**
Kinderabenteuer und Kletterspaß für die Kleinen gibt's auf der Schwarzbachalm im Ahrntal von Juli bis Mitte September. *Info: Tourismusverein Tauferer Ahrntal, Tel. 04 74 65 20 81, Fax 04 74 65 20 82, www.tauferer.ahrntal.com*

LADINIEN

Die steinerne Stadt **[123 E5]**
Am Sellajoch hat ein Felssturz ein abenteuerliches Spektrum an Felsblöcken hinterlassen, das sich ideal zum Spielen eignet. Für Klettermaxen und solche, die es werden wollen, gibt es in der Steinernen Stadt selbst (und im Langental) frei zugängliche Kletterwände.

ETSCHTAL/ÜBERETSCH/ UNTERLAND

Mühlenführung **[126 C3]**
In den alten Mühlen von Aldein wird vorgeführt, wie Getreide gemahlen, Loden oder Fichtenrinde gestampft oder Schiaßer (runde Steinmurmeln) gefertigt werden. Besichtigung nach Voranmeldung *(freiwillige Spende erbeten). Tourismusverein Aldein, Tel. 04 71 88 68 00*

MERAN UND DAS BURGGRAFENAMT

Familienalm mit Streichelzoo **[121 D1]**
Oberhalb von Schenna, beim Taser, lockt die ganzjährig geöffnete Familienalm: Bodos Spielpark mit Abenteuerburg und Aussichtsturm, ein Streichelzoo und das Indianerdorf begeistern die Kleinen. Abenteuerlustige können im Hochseilgarten herumklettern. *Ganzjährig geöffnet und frei zugänglich, Eintritt frei, www.familienalm.com*

Pflegezentrum für Vogelfauna Schloss Tirol **[121 D1]**
Adler, Geier, Falken, Eulen und Bussarde in Aktion können in der Falknerei von Dorf Tirol aus nächster Nähe beobachtet werden. Flugvorführungen mit Fütterung. *April bis 10. Nov. Di–So 10–17 Uhr; Flugvorführungen um 11.15 und 15.15 Uhr, 11. Nov.–März So 13.30 bis 16.30 Uhr, Flugvorführung um 15 Uhr, Eintritt 6 Euro, Kinder 3 Euro*

Karersee: Die freie Natur bietet Kindern massenhaft Platz zum Rumtoben

VINSCHGAU

aquaprad **[118 C2]**
Im aquaprad in Prad am Stilfser Joch können Besucher in die nahe und doch fremde Welt der Fische im Gebirge eintauchen. Für Kinder besonders attraktiv sind die 14 großen Aquarien und der interaktive Museumsbereich mit Computerspielen. *April–Okt. Di–Fr 9–12, 14.30–18, Sa, So 14.30–18 Uhr, Eintritt 6 Euro, Kinder bis 6 Jahre frei, www.aquaprad.com*

Archeopark Schnals **[121 F5]**
2001 wurde in Unser Frau Schnals ein Archäologiepark eröffnet, in dem das Leben vor mehr als 5000 Jahren nachvollzogen werden kann. Im Mittelpunkt steht Ötzi, der Mann aus dem Eis, der auf dem Schnalser Gletscher gefunden wurde. Thematisch aufgearbeitet werden Klima, Vegetation, Ernährung, Feldbau, Waffenproduktion, Hausbau und vieles mehr aus der Kupferzeit. In speziellen Camps werden mehrtägige Kurse angeboten, die das Leben in der Urzeit nachempfinden lassen. *April–Nov. Di–So 10 bis 18 Uhr; Mitte Jan.–März Mi, So 13–18 Uhr, Do 13–21 Uhr, Eintritt: zwei Erwachsene mit Kindern bis 14 Jahre 18, Einzeleintritt 8 Euro, Kinder bis 6 Jahre frei, Führungen gegen Voranmeldung: Mo–Fr 9–12 Uhr, Tel. 04 73 67 60 20, Fax 04 73 67 62 63, www.archeoparc.it*

Churburg in Schluderns **[110 C6]**
Rüstungen, Waffen und Folterinstrumente gibt es in der Rüstungskammer der Churburg in Schluderns zu bewundern. Staunen werden die Kleinen besonders über die mehr als 2 m große Rüstung des Ulrich von Matsch. Insider Tipp Führungen: *März–Okt. Di–So 10–12, 14–16.30 Uhr, Eintritt 6, Kinder bis 14 Jahre 3 Euro (Familienermäßigung), www.churburg.com*

Angesagt!

Was Sie wissen sollten über Trends, die Szene und Kuriositäten in Südtirol

Biken

Sobald die erste Frühlingssonne die Luft erwärmt, schwärmen sie aus wie die Bienen. Vor Südtirols Bikern ist keine Überlandstraße und kein Wanderweg sicher. Zu gewissen Jahreszeiten (Anfang Mai und dann im Juli) treten die Mountainbiker in Horden von bis zu 7000 Radlern auf. Dann nämlich ist Wettkampfzeit in Alta Badia, Gröden, Sarntal und Bozen.

Italienische Boutiquen

So traditionsverbunden Südtirol auch scheinen mag, im täglichen Leben sind Trachten längst vergessen. Dafür hat sich die italienische Mode voll durchgesetzt. Das Straßenbild in den Städten wird davon bestimmt.

Weinverkostungen

»Ja doch, ich kenn's genau, das ist ein echter Magdalener, ich kenn's am Bukett mit Kirsche und Veilchen ...« Solche und ähnliche Bemerkungen werden Sie zu hören bekommen, wenn ein guter Wein auf dem Tisch steht. Im Weinbauland Südtirol ist die Kenntnis vom guten Tropfen so wichtig wie der sonntägliche Kirchgang.

Und noch einen Kaffee ...

Das haben sich die Südtiroler von den Italienern abgeschaut: Ein Kaffee ist zu jeder Tageszeit recht. Auf dem Weg ins Büro, zwischendurch, wenn man gute Bekannte auf der Straße trifft, und nach dem Mittagessen sowieso. Richtige »Kaffeetanten« bringen es schon am Vormittag auf vier bis sechs der starken Espressos.

Umweltbewusstsein

Die Heimatliebe der Südtiroler führt auch zu einem ausgeprägten Umweltbewusstsein. Übererschließung der Berge ist ihnen genauso ein Gräuel wie Abfall, den Wanderer zurücklassen. Dafür oder dagegen rücken sie gemeinsam zu Protest- und Putzaktionen aus. Das Ergebnis kann sich sehen lassen: unberührte Bergwelten und blitzsaubere Wanderwege allerorten.

Die Kastelruther Spatzen

Keine Frage: Südtirols Kultband sind die Kastelruther Spatzen. Wenn die unterm Schlern von der Liebe singen, sind die Alpensongfans in Tausenden zu zählen.

Von Anreise bis Zoll

Hier finden Sie kurz gefasst die wichtigsten Adressen und Informationen für Ihre Südtirolreise

ANREISE

Auto

Wer mit dem Auto von Norden kommt, wird zumeist über die mautpflichtige Brennerautobahn anreisen. Wer Muße hat und vielleicht auch die Maut nebst Zeit an Spitzenreisetagen in der Warteschlange an den Mautstellen sparen möchte, kann die Staatsstraße über den Brenner benützen und am Talboden des Eisackflusses dahinfahren.

Von Osten, vom österreichischen Osttirol her, passiert man die italienische Grenze bei Winnebach im Pustertal und folgt auf der Staatsstraße dem Verlauf von Drau und Rienz bis in die Brixner Talweitung.

Für Reisende, die von Westen beziehungsweise Nordwesten her nach Südtirol kommen, bieten sich die Staatsstraßen vom Reschen (österreichische Grenze) beziehungsweise vom Engadin (Schweizer Grenze) bei Taufers im Münstertal an.

Bahn

Bahnbenutzer kommen meist über den Brenner. Auf der Hochgebirgsstrecke Innsbruck–Bozen durchqueren Sie eine besonders schöne Landschaft.

Flugzeug

Bozen hat einen eigenen Flugplatz, der täglich von Frankfurt/Main und Rom direkt angeflogen wird. Außerdem gibt es Verbindungen nach Innsbruck, wo Sie dann allerdings auf Bahn oder Bus umsteigen müssen.

AUSKUNFT

Italienische Fremdenverkehrsämter

– gebührenfreie Tel.-Nr. aus D, A, CH: 008 00 00 48 25 42
– 60329 Frankfurt am Main, Kaiserstr. 65, Fax 069/23 28 94
– 1010 Wien, Kärntnerring 4, Fax 01/505 02 48
– 8001 Zürich, Uraniastr. 32, Fax 01/211 38 85

Südtirol Marketing Gesellschaft

Knotenpunkt für alle Südtirolinformationen ist die Südtirol Marketing Gesellschaft. Dort bekommen Sie Ferienkataloge, Wandertipps, Alpininfos sowie Hotelauskünfte. *Pfarrplatz 11, 39100 Bozen, Tel. 04 71 99 99 99, Fax 04 71 99 99 00, www.suedtirol.info*

AUTO

Die Benutzung der Autobahn ist mautpflichtig. Die Höchstgeschwindigkeit außerhalb der Ortschaften für Pkw beträgt 90 km/h, innerhalb 50 km/h, auf Autobahnen 130 km/h. Auf allen Straßen außerhalb geschlossener Ortschaften muss auch tagsüber mit Licht gefahren werden. Die Promillegrenze liegt bei 0,5. Falschparker riskieren es, abgeschleppt zu werden (Geldstrafen bis zu 150 Euro).

BANKEN

Öffnungszeiten der Banken: 8–13 und 14.30–16 Uhr. Geldautomaten sind praktisch überall vorhanden.

CAMPING

Über die mehr als 30 gut bis sehr gut ausgestatteten Campingplätze gibt es bei der Südtirol Marketing Gesellschaft einen Prospekt. Info online: *www.campingsuedtirol.com*

DIPLOMATISCHE VERTRETUNGEN

Honorarkonsulat der Bundesrepublik Deutschland

Dr.-Streiter-Gasse 12, 39100 Bozen, Tel. 04 71 97 21 18, Fax 04 71 97 57 79, Dr. G. Brandstätter

Österreichisches Generalkonsulat

Via Tranquillo Cremona 27, 20145 Milano (Mailand), Tel. 024 81 20 66

Generalkonsulat der Schweiz

Via Palestro 2, 20121 Milano (Mailand), Tel. 027 77 91 61

EINREISE

Benötigt werden Reisepass oder Personalausweis, Kinder unter 16 Jahren, die nicht im Reisepass der Eltern eingetragen sind, brauchen einen Kinderausweis. Bei der Einreise aus Österreich findet jedoch normalerweise keine Grenzkontrolle statt.

INTERNET

Informationen zu Südtirol bieten *www.provinz.bz.it*, *www.stol.it* und *www.suedtirol.info.*

INTERNETCAFÉS

Internetcafés sind in Südtirol eine Rarität. Dafür kann in den meisten öffentlichen Bibliotheken gesurft werden.

LITERATURHINWEISE

Zahlreiche Schriftsteller haben Südtirol besungen. Ein literarisches Landschaftsbild zeichnet Dominik Jost in seinem Buch »Südtirol«. Schön für alle, die mit Kindern reisen, sind die »Südtiroler Sagen« von Bruno Mahlknecht. Als Bildbandinsidertipp gilt »Südtirol zwischen Nord und Süd« von Karin und Udo Bernhart.

NOTRUFE

Polizeinotruf und Unfallrettung *Tel. 113*
Feuerwehr *Tel. 115*
Ärztlicher Notruf *Tel. 118*
Carabinieri-Bereitschaft *Tel. 112*
Abschleppdienst *Tel. 116*
Bergrettung *Tel. 118*

ÖFFENTLICHE VERKEHRSMITTEL

Neben den Bahnlinien durchs Eisack-, Puster- und Etschtal hat Südtirol ein sehr dichtes Netz von Linienbussen und zahlreiche Seilbahnen. Info online: *www.sad.it*

POST

Die Postämter sind in der Regel Mo–Sa 8–14 Uhr geöffnet. In kleineren Orten werden die Öffnungszeiten nicht immer eingehalten. Das Porto für eine Postkarte beträgt 43 Cent.

PREISE & WÄHRUNG

Südtirol ist gewiss kein billiges Reiseland. Generell sind die Kosten für Lebensmittel und Konsumgüter eher hoch. Sparen kann, wer beispielsweise Urlaub auf dem Bauernhof macht. Theater- und Konzertkarten kosten zwischen 10 und 40 Euro. Ein Fahrschein für die städtischen Busse kostet 0,80 Euro, ein Kurzparkplatz ist ab 0,50 Euro pro Stunde zu haben.

Was kostet wie viel?

Kaffee — **1,50 Euro** für ein Glas Milchkaffee oder eine Tasse Cappuccino

Bier — **1,50 Euro** für ein kleines Bier

Wein — **ab 1 Euro** für ein Glas Wein

Panino — **2,50 Euro** für ein belegtes Brötchen

Benzin — **0,90 Euro** für 1 l Bleifrei

Schürze — **ab 7 Euro** für eine typische blaue Südtiroler Schürze

TELEFON & HANDY

Vorwahl Deutschland 0049, Österreich 0043, Schweiz 0041, Italien 0039. Innerhalb Italiens gibt es keine Vorwahlen mehr, innerorts wie bei Ferngesprächen – auch aus dem Ausland – muss stets die komplette Nummer einschließlich der Null gewählt werden.

Das Land hat trotz seiner gebirgigen Lage ein fast perfektes Handynetz. Ihr Handy wird in ein italienisches Netz eingeklinkt, abgerechnet wird über Ihren Vertragspartner. Vergessen Sie nicht, dass Sie selbst ab der Grenze für jeden Anruf bezahlen! Schalten Sie deshalb am besten auch die Mailbox Ihres Handys ab. Informieren Sie sich auch über so genannte Calling Cards fürs Ausland, die Sie in Deutschland kaufen und mit der Sie von Ihrem Urlaubsort aus telefonieren können. Südtirol ist im Übrigen reich bestückt mit öffentlichen Telefonen, die am einfachsten mit Telefonwertkarten (gibt's in allen Tabak- und Zeitschriftenhandlungen) zu bedienen sind.

ZEITUNGEN

Die führende deutschsprachige Tageszeitung heißt *Dolomiten*. Sie informiert auch über aktuelle Veranstaltungen.

TRINKGELD

Im Restaurant rundet man am besten den Rechnungsbetrag auf, desgleichen im Taxi.

ZOLL

Innerhalb der EU dürfen Waren für den privaten Bedarf frei ein- und ausgeführt werden, z. B. 800 Zigaretten. Für Schweizer sowie bei der Ein- oder Ausreise durch die Schweiz gelten reduzierte Freimengen, z. B. 200 Zigaretten und 2 l Wein. Info online: *www.zoll-d.de*

Wetter in Bozen

	Jan.	Feb.	März	April	Mai	Juni	Juli	Aug.	Sept.	Okt.	Nov.	Dez.
Tagestemperaturen in °C	5	9	14	19	22	27	29	28	24	18	11	6
Nachttemperaturen in °C	–3	–1	4	8	11	15	16	16	13	8	2	–2
Sonnenschein Std./Tag	3	4	5	6	6	7	8	7	6	5	3	3
Niederschlag Tage/Monat	4	3	6	7	10	9	8	8	8	7	7	5

Reiseatlas Südtirol

Die Seiteneinteilung für den Reiseatlas finden Sie auf dem hinteren Umschlag dieses Reiseführers

Kartenlegende Reiseatlas

Autobahn · Gebührenpflichtige Anschlussstelle · Gebührenstelle · Anschlussstelle mit Nummer · Rasthaus mit Übernachtung · Raststätte · Erfrischungsstelle · Tankstelle · Parkplatz mit und ohne WC	Trento 11	Motorway · Toll junction · Toll station · Junction with number · Motel · Restaurant · Snackbar · Filling-station · Parking place with and without WC
Autobahn in Bau und geplant mit Datum der Verkehrsübergabe	Datum Date	Motorway under construction and projected with completion date
Zweibahnige Straße (4-spurig)		Dual carriageway (4 lanes)
Fernverkehrsstraße · Straßennummern	14 E45	Trunk road · Road numbers
Wichtige Hauptstraße		Important main road
Hauptstraße · Tunnel · Brücke		Main road · Tunnel · Bridge
Nebenstraßen		Minor roads
Fahrweg · Fußweg		Track · Footpath
Wanderweg (Auswahl)		Tourist footpath (selection)
Eisenbahn mit Fernverkehr		Main line railway
Zahnradbahn, Standseilbahn		Rack-railway, funicular
Kabinenschwebebahn · Sessellift		Aerial cableway · Chair-lift
Autofähre		Car ferry
Personenfähre		Passenger ferry
Schifffahrtslinie		Shipping route
Naturschutzgebiet · Sperrgebiet		Nature reserve · Prohibited area
Nationalpark, Naturpark · Wald		National park, natural park · Forest
Straße für Kfz. gesperrt		Road closed to motor vehicles
Straße mit Gebühr		Toll road
Straße mit Wintersperre	XII-II	Road closed in winter
Straße für Wohnanhänger gesperrt bzw. nicht empfehlenswert		Road closed or not recommended for caravans
Touristenstraße · Pass	Weinstraße 1510	Tourist route · Pass
Schöner Ausblick · Rundblick · Landschaftlich bes. schöne Strecke		Scenic view · Panoramic view · Route with beautiful scenery
Heilbad · Schwimmbad		Spa · Swimming pool
Jugendherberge · Campingplatz		Youth hostel · Camping site
Golfplatz · Sprungschanze		Golf-course · Ski jump
Kirche im Ort, freistehend · Kapelle		Church · Chapel
Kloster · Klosterruine		Monastery · Monastery ruin
Schloss, Burg · Schloss-, Burgruine		Palace, castle · Ruin
Turm · Funk-, Fernsehturm		Tower · Radio-, TV-tower
Leuchtturm · Kraftwerk		Lighthouse · Power station
Wasserfall · Schleuse		Waterfall · Lock
Bauwerk · Marktplatz, Areal		Important building · Market place, area
Ausgrabungs- u. Ruinenstätte · Feldkreuz		Arch. excavation, ruins · Calvary
Dolmen · Menhir · Nuraghen		Dolmen · Menhir · Nuraghe
Hünen-, Hügelgrab · Soldatenfriedhof		Cairn · Military cemetery
Hotel, Gasthaus, Berghütte · Höhle		Hotel, inn, refuge · Cave
Kultur		**Culture**
Malerisches Ortsbild · Ortshöhe	WIEN (171)	Picturesque town · Elevation
Eine Reise wert	★★ MILANO	Worth a journey
Lohnt einen Umweg	★ TEMPLIN	Worth a detour
Sehenswert	Andermatt	Worth seeing
Landschaft		**Landscape**
Eine Reise wert	★★ Las Cañadas	Worth a journey
Lohnt einen Umweg	★ Texel	Worth a detour
Sehenswert	Dikti	Worth seeing
Ausflüge & Touren		**Excursions & tours**

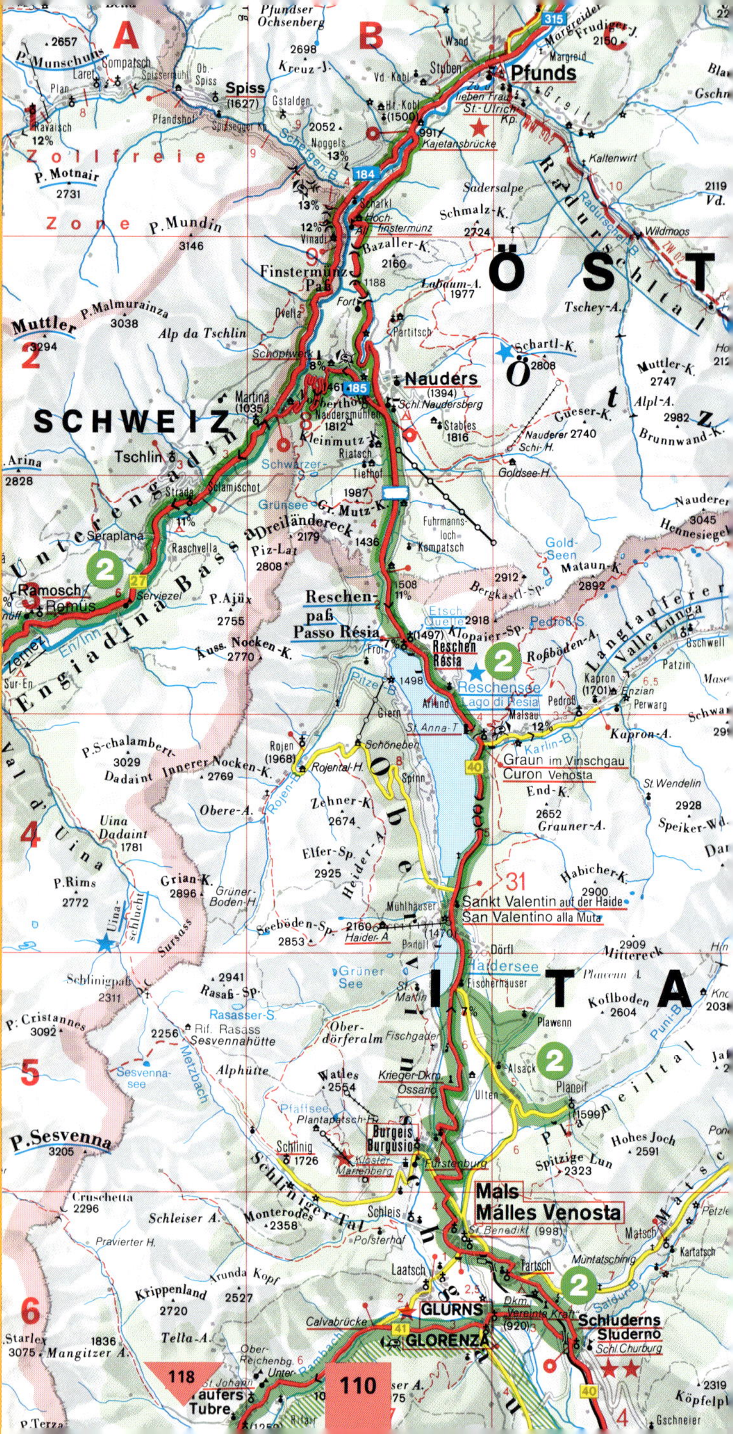
A
B
C
1
2
3
4
5
6
Pfundser Ochsenberg
2657
P. Munschuns
Compatsch
Laret
Plan
Spissermühl
Ob.-Spiss
Spiss (1627)
Pfandshof
Spissegger Kp.
Ravaisch 12%
Zollfreie Zone
P. Motnair 2731
P. Mundin 3146
2698
Kreuz-J.
Vd.-Kobl
Gstalden
Ht.-Kobl (1500)
2052
Noggels 13%
Schergen-B.
184
13%
12%
Vinadi
Schalkl
Hoch-finstermünz
Finstermünz Paß
Fort
1188
Ovella
Schöpfwerk
8%
Bazaller-K. 2160
Lobaum-A. 1977
Wand
Stuben
Pfunds
315
Margreider
Frudiger-J. 2150
Margreid
Zu d. lieben Frau
St. Ulrich Kp.
991
Kajetansbrücke
Sadersalpe
Schmalz-K. 2724
Kaltenwirt
Radurschltal
Radurschl-B.
Wildmoos
2119
ÖSTERREICH
Tschey-A.
Partitsch
Scharti-K. 2808
Muttler-K. 2747
Alpl-A.
2982
Brunnwand-K.
Gueser-K.
Nauderer 2740
Nauderer Schi-H.
Goldsee-H.
Muttler 3294
P. Malmurainza 3038
Alp da Tschlin
SCHWEIZ
Martina (1035)
1461
185
Nauders (1394)
Schl. Naudersberg
Naudersmühlen 1812
Stables 1816
Kleinmutz-K.
Riatsch
Tiefhof
Schwarzer-S.
Tschlin
Arina 2828
Unterengadin
Strada
Schamischot
Seraplana
11%
Grünsee
Gr. Mutz-K. 1987
Dreiländereck 2179
Raschvella
Piz-Lat 2808
1436
Fuhrmanns-loch
Kompatsch
Nauderer Hennesiegel 3045
Gold-Seen
Mataun-K. 2892
2912
Bergkastl-Sp.
Langtauferer
Valle Lunga
Ramosch
Remüs
Serviezel
27
P. Ajüx 2755
Engiadina Bassa
Reschenpaß
Passo Résia
1508 11%
Etsch-Quelle
2918
Klopaier-Sp.
Pedroß S.
Roßboden-A.
Zernez
En/Inn
Äuss. Nocken-K. 2770
Sur-En
Froi
7%
(1497)
Reschen Résia
Reschensee
Lago di Résia
Pitze-B.
1498
Arlund
Glern
St. Anna-T.
Malsau
12%
Pedroß
Kapron (1701)
Enzian
Perwarg
Patzin
Kapron-A.
Karlin-B.
Graun im Vinschgau
Curon Venosta
P. S-chalambert 3029
Dadaint
Innerer Nocken-K. 2769
Rojen (1968)
Rojen-B.
Rojental-H.
Schöneben
Spinn
40
St. Wendelin
2928
Speiker-Wd.
End-K. 2652
Grauner-A.
Obere-A.
Zehner-K. 2674
Val d'Uina
Uina Dadaint 1781
Elfer-Sp. 2925
Heider-A.
Habicher-K. 2900
31
Sankt Valentin auf der Haide
San Valentino alla Muta
P. Rims 2772
Grian-K. 2896
Grüner-Boden-H.
Uina-schlucht
Sursass
Seeböden-Sp. 2853
2160
Haider-A.
Mühlhauser
(1470)
Dörfl
2909
Mittereck
Haidersee
Fischerhauser
Schlinigpaß 2311
2941
Rasaß-Sp.
Grüner See
St. Martin
Obervinschgau
ITALIA
Plawenn
Koflboden 2604
Puni-B.
P. Cristannes 3092
Rasasser-S.
2256
Rif. Rasass
Sesvennahütte
Ober-dörferalm
Fischgader
7%
Alsack
Planeil
Planeiltal
Sesvenna-see
Metzbach
Alphütte
Watles 2554
Krieger-Dkm. Ossario
Ulten
(1599)
P. Sesvenna 3205
Pfaffsee
Plantapatsch-H.
Burgeis Burgusio
Schlinig 1726
Kloster Marienberg
Fürstenburg
Hohes Joch 2591
Spitzige Lun 2323
Schlinigertal
Cruschetta 2296
Schleiser A.
Monterodes 2358
Schleis
Polsterhof
Mals Mälles Venosta
St. Benedikt (998)
Matsch
Matschertal
Pravierter H.
Laatsch
Tartsch
Muntatschinig
Kartatsch
Arunda Kopf
Krippenland 2720
2527
Saldur-B.
GLURNS
GLORENZA
Calvabrücke
41
Dkm. Vereinte Kraft (920)
Schluderns Sluderno
Schl. Churburg
Starlex 3075
1836
Mangitzer A.
Tella-A.
Ober-Reichenbg.
Unter-
Rambach
St. Johann
Taufers Tubre
118
110
2319
Köpfelpl.
Gschneier
P. Terza

D
E
F
Pfrosl-K.
3148
Fißlad-A.
XI-V
Am See
1545
2918
Watze-Sp.
Plangeross
(1617)
Zuragkogl
2891
Lieflehn
Mandarfen
1682
19%
Mittelb.
(1740)
Pitztal
Rifflsee-hütte
Riffel-S.
2 km
Rostitzkogel
3392
Löcherkogel
3326
Sperrenhaus
Kreuz-K.
2683
Glockhaus
3101
Blei- u. Silber-bergwerk
3113
Platz-A.
Kaunertal
T i r o l
Stausee-Gepatsch
(1767)
3228
Wurmtaler-K.
Taschach-A.
Tunnelbahn
Schwarz-S.
Plattigkopf
3170
Kaiser-B.
Kaisertalsee
Kaunertaler
Gletscher-
panoramastraße
E R R E I C H
Bligg-Sp.
3398
3299
Vd. Ölgruben-Sp.
Gufl-H.
Taschach-B.
Mittagskogel
3162
Mittelberg
3440
Hint. Brunnenkogel
2434
Taschach-H.
Plangeroß-Sp.
2942
Rotschragen-Sp.
3113
Rifflkar-Sp.
3219
3355
Ochsen-K.
2944
1928
Gepatsch-Hs.
Gepatsch-A.
Glockturm
Krumgampen-B.
WW 902
Ht. Ölgruben-Sp.
3296
Taschach-Fr.
Wild-Sp.
3768
Hennesiglspitze
3144
13%
Hochvernagt-Sp.
3539
Großer Vernagtferner
Vd. Broch-Kg.
3565
Breslauer H.
2840
Rofen
(2014)
Gr. Nörder-B.
2885
2732
Rauhekopf-H.
2990
Rauher K.
Fluchtkogel
3500
3325
Hintergrasl-Sp.
Vernagthütte
(Würzburger Haus)
Wiesjagglskopf
3127
2750
Weißsee Fr.
3526
Weißsee-Sp.
Gepatsch-
Ferner
3425
Brandenburger Hs.
3272
Kesselwand-Fr.
Guslar-Fr.
Guslar-Spitzen
3151
Rofental
WW 902
Nock-Sp.
3006
Rif. Alpino
Melag
(1915)
1913
Melag-A.
Weißkugel-H.
2544
Langtauferer Fr.
3257
Mutspitze
ZW 02
Hochjochhospiz
2423
Talleitspitze
3407
Hintere Hintereis-Sp.
3486
Vernagt
3355
Ob. Rofen-B.
3029
Kreuz-Sp.
3457
Falbanair-Sp.
3200
Weißkugel
Palla Bianca
3739
Hintereis-Ferner
Kreuz-Ferner
Neue Samoar-H.
(Martin-Busch-H.)
2470
Seikogel
3360
Matscher-Fr.
Am hintern Eis
3270
Teufelsegg
3227
Hochjoch
2875
Zur schönen Aussicht
2842
Hochjoch-Ferner
Hauslaub-J.
3283
Finail-Sp.
3516
Marzell-
3391
Raben-K.
3011
Schwemser-Sp.
3456
Steinschlag-Sp.
2860
3250
Grawand
Similaun-H.
3019
Niederjoch
3606
Similaun
Valvel-Sp.
3359
Oberettes hütte
2670
3092
Bildstöckl-J.
Kurzras
(2011)
Finail
2925
Korbeck
3123
G. Kadl
3416
Faulwand
3161
Kutt-H.
L I A
Scherm
Wieshof
20%
Marchegg
Finail
Rafein
Tisen
Tisen Obervernagt
Schröfwand
2889
Matscheralm
Saldur-Sp.
3433
Salurn-B.
Thanai
Glieshofe
1807
Ramudel-Sp.
3292
Kortscher
3103
Schafberg
2769
Tascheljöchl
Kortscher See
Gerstgras
Vernagt Stausee
15%
Unserfrau in Schnals
Nock-Sp.
2713
Mastaun
Weghof
Schludernser Alm
3181
Rappen-Sp.
Tumpaschin
Hochalt
3262
Lacken
Schlandraunertal
Kortscher Alm
Gerstgraser-Sp.
3136
Lefetzalm
Penaudhof
Rems-Sp.
3204
Litzner-Sp.
3205
Schlandrauner
3039
Schafberg
Mastaun-Sp.
3199
Hohe Wiegen-Sp.
2978
Wiegen-Sp.
3108
Klosteralm
Penaudalm
2320
Saxalbersee
Hohes Kreuzjoch
2986
Weiße Riepl
2952
Schüpferhof
Gamseck
2910
Zerminiger Sp.
3059
Vermoispitze
2930
Niederjoch
Schönputz
Mühlhof
Strimmhof
1
2
3
4
5
6

119

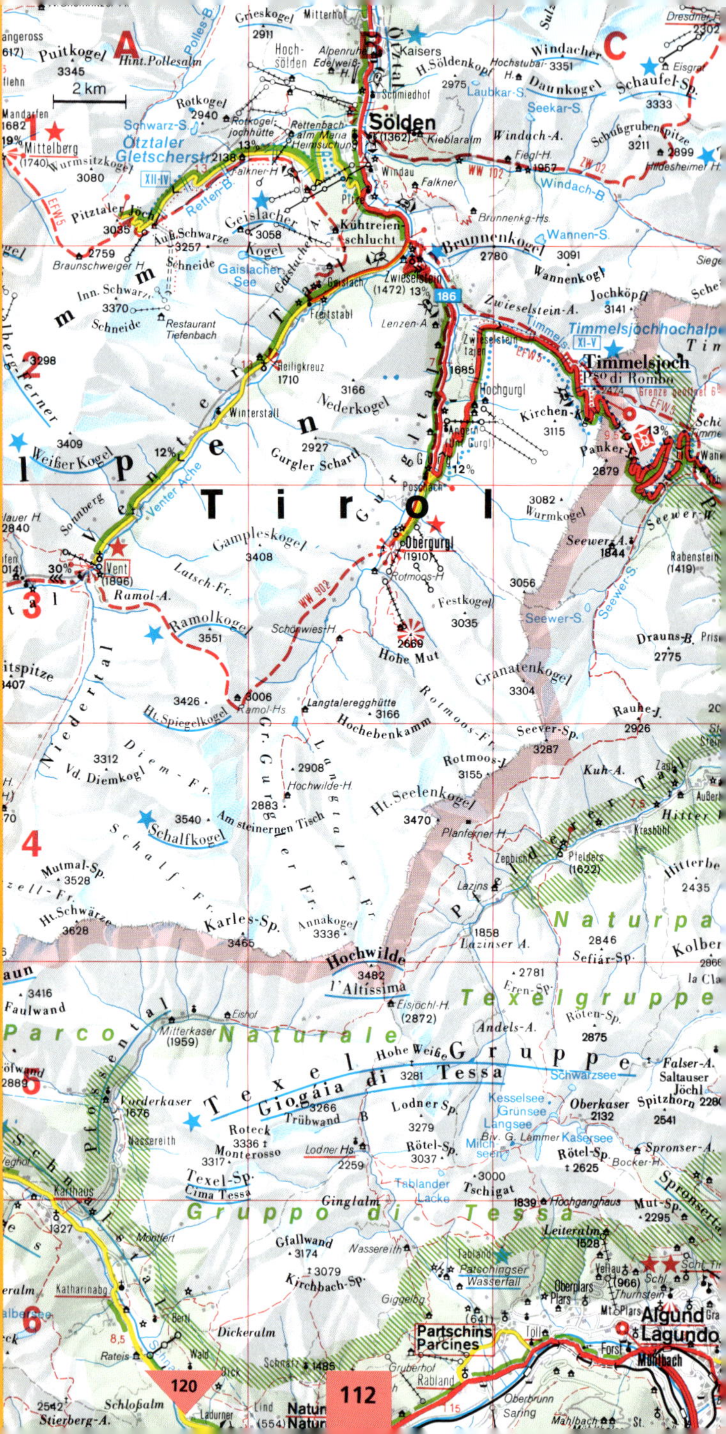

A
B
C
1
2
3
4
5
6
2 km
Puitkogel
3345
Hint.Pollesalm
Grieskogel
2911
Mitterhof
Hoch-
sölden
Alpenruhe
Edelweiß-H.
Ötztal
Kaisers
H.Söldenkopf
2975
Windacher
3351
Hochstubai-H.
Daunkogel
Schaufel-Sp.
3333
Eisgrat
Dresdner H.
2302
Schmiedhof
Sölden
(1362)
Kieblaralm
Laubkar-S.
Seekar-S.
Windach-A.
Fiegl-H.
1957
Schußgrubenspitze
3211
2899
Hildesheimer H.
Windach-B.
WW 102
ZW 02
Mandarfen
1682
19%
Mittelberg
(1740)
Wurmsitzkogel
3080
Rotkogel
2940
Rotkogel-
jochhütte
Rettenbach-
alm
Maria Heimsuchung
Schwarz-S.
Ötztaler
Gletscherstr.
2138
13%
Falkner-H.
Windau
Falkner
XII-IV
Retten-B.
EFW5
Pitztaler Jöchl
3035
Geislacher
Kogel
3058
Aüß.Schwarze
Schneide
3257
Kühtreien-
schlucht
Brunnenkg-Hs.
Wannen-S.
Brunnenkogel
2780
3091
Wannenkogl
Siege
2759
Braunschweiger H.
Gaislacher
See
Gaislach-A.
Gaislach
Zwieselstein
(1472)
13%
186
Jochköpfl
3141
Inn. Schwarze
3370
Schneide
Restaurant
Tiefenbach
Freitstabl
Lenzen-A.
Zwieselstein-A.
Timmels
Timmelsjochhochalpe
XI-V
Timmelsjoch
Pso di Rombo
2474
Grenze gesperrt
EFW5
3298
Heiligkreuz
1710
3166
Nederkogel
Winterstall
1685
Hochgurgl
Kirchen-K.
3115
Angern
(Unt.Gurgl)
Panker-
2879
13%
3409
Weißer Kogel
12%
Gurgler Scharte
2927
12%
Gurgl
Poschach
Tirol
Venter Ache
Sonnberg
Gampleskogel
3408
Obergurgl
(1910)
Rotmoos-H.
3082
Wurmkogel
Seewer-A.
1844
Seewer-S.
Rabenstein
(1419)
30%
Vent
(1896)
Ramol-A.
Latsch-Fr.
WW 902
Festkogel
3035
3056
Ramolkogel
3551
Schönwies-H.
2669
Hohe Mut
Drauns-B.
2775
3407
3426
3006
Ramol-Hs.
Langtaleregghütte
3166
Hochebenkamm
Granatenkogel
3304
Rauhe-J.
2926
Ht.Spiegelkogel
Seever-Sp.
3287
Niedertal
Diem-Fr.
3312
Vd. Diemkogl
2908
Hochwilde-H.
Gr. Gurgler Fr.
Langtaler Fr.
Rotmoos-Fr.
Rotmoos-J.
3155
Kuh-A.
2883
Ht.Seelenkogel
3470
Pfelderer Tal
Hitter
Kresbühl
3540
Schalfkogel
Am steinernen Tisch
Planferner H.
Zepbichl
Pfelders
(1622)
Mutmal-Sp.
3528
Schalf-Fr.
Lazins
Hitterbe
2435
Ht.Schwärze
3628
Karles-Sp.
3465
Annakogel
3336
1858
Lazinser A.
Naturpa
2846
Sefiár-Sp.
Kolber
Hochwilde
3482
l'Altissima
2781
Eren-Sp.
3416
Faulwand
Eishof
Eisjöchl-H.
(2872)
Texelgruppe
Röten-Sp.
2875
Parco Naturale
Mitterkaser
(1959)
Andels-A.
Hohe Weiße
3281
Texel Gruppe
Giogáia di Tessa
Schwarzsee
Falser-A.
Saltauser
Jöchl
2889
Vorderkaser
1676
3266
Trübwand
Lodner Sp.
3279
Kesselsee
Grünsee
Langsee
Oberkaser
2132
Spitzhorn
2541
Pfossental
Nassereith
Roteck
3336
Monterosso
3317
Lodner Hs.
2259
Rötel-Sp.
3037
Biv. G. Lammer
Milchseen
Kasersee
Rötel-Sp.
2625
Bocker-H.
Spronser-A.
Texel-Sp.
Cima Tessa
3000
Tschigat
Tablander
Lacke
Spronsertal
Karthaus
Schnalstal
Ginglalm
Gruppo di Tessa
1839
Hochganghaus
Mut-Sp.
2295
Leiteralm
1528
1327
Montfert
Gfallwand
3174
Nassereith
Tabland
3079
Kirchbach-Sp.
Partschinger
Wasserfall
Vellau
(966)
Thurnstein
Katharinaberg
Giggelbg.
Oberplars
Plars
Mt.Plars
Algund
Lagundo
Dickeralm
Berti
(641)
Töll
8,5
Rateis
Wald
Schnatz
1485
Partschins
Parcines
Forst
Mühlbach
Gruberhof
Rabland
2542
Stierberg-A.
Schloßalm
Ladurner
Lind
(554)
Natur
Oberbrunn
Saring
Mahlbach

120

ÖSTERREICH
Simmingsee
Tribulaun-H.
Bremer H.
2413
Trogler
Sulzenau-H.
(Leipziger H.)
Grünau
Nürnberger H.
2297
2764
Simmingjöchl
Pflerscher Tribulaun
3096
2379
2917
Tribulaunhütte
Kl.Tribulaun
2491
1590
Wand-Sp.
See-A.
Wilder Freiger
Grüblferner
3418
Östl. Schnee-Sp.
3178
3268
Weißwand
3016
Rocholl-S.
Sandes-see
Schneespitz-H.
2423
Feuerstein
Montarso
Pfaffennieder H.
Becher-H.
3190
Sonklar-Sp.
3467
Übeltal-Fr.
Feuerstein-H.
Übeltalferner-H.
2249
Pfurn-S.
Ochsen-H.
Stein
Boden
(1245)
Pflersch-B.
Putzen-Sp.
2362
Annichen
Schwarzwand-Sp.
3358
Hocheck
2880
Unt.Agls-A.
Maurer-Sp.
2630
Toffring-A.
Ladurns-A.
Botzer
3260
Trüber S.
Gr. Schwarz-see
Krapfenkar-Sp.
2703
(1419)
Landesbergbaumuseum
Maiern
Inner Mareit
St.Lorenzen
Mt. Egeten-S.
Telfer Weißen
2566
Vallming-A.
Schwarzsee-Sp.
Schwarz-S.
2988
Egeten-S.
Rieder W.
Ried
Ridnaun-B.
Egg
St.Magdalena
1414
Plan
Stranses
Roß-K.
2176
1860
Gurt-Wd.
2858
(2355)
2899
Kasten
St.Martin am Schneebg.
Schneeberg-H.
Landesbergbaumuseum
Zünder-Sp.
2380
Ridnaun
Ridanna
Entholz
Durach
Kerschbaum
Kaltenbrunn
Telferer W.
STERZING
VIPITENO
Spitzler
Gleck-Sp.
2620
Schl. Wolfsthurn
Mareit
Durach-W.
Wurzer A.
Ober ackern
(1247)
Telfes
Stange
Saltnuss
Statale del Passo Rombo
Weißen
2809
Glecken-A.
Hoch-Sp.
2424
Mareiter Stn.
2192
Gilfenklamm
Jaufensteg
Pordaun
Hütt
Ganderberg
2328
Flading
(1483)
Larch
Wiese
(1290)
Ratschings
Racines
Kalch
1230
St.Anton
Ratschings-B.
Höfen
V. di Racines
Erler
Jägerheim
27
Hohe Kreuz-Sp.
2744
Wumbls-A.
Übel-S.
39
44
Jaufental
Hahnebaum
Abraham-A.
Jaufenpaß
P.so di M. Giovo
10%
Enzian-H.
Schluppes
Dorfl
Mitterthal
Hanseler Ho
Saxner
2359
Weißkogelhütte
1966
12%
9%
Sterzinger Jaufen-Hs.
1887
Jaufen-B.
Oberthal
(1302)
Kaltenbrunn
44b
Moos i. Passeier
Moso i. P.
(1007)
Stuls
(1315)
Passeier Jaufen-H.
2094
Jaufenspitz
2483
Schlattach
Bergfrieden
Gleiten
(1203)
Walten
(1262)
20
Ontrattberger-A.
Etschen-S.
2430
Pfall
Tassach
Magdfeld
Ulfaß
(1369)
Brück
Grubenhof
St.Johann
(1415)
2364
Holer-Sp.
Sennerberger
12%
Karlegg
Jaufenburg
St.Leonhard i. Passeier
S.Leonardo i. Pass.
2103
Pfistrad-A.
Sailertal-A.
Gasscheiben-Sp.
2455
2230
Glauben
Kristl
Hofer Kp.
Sandwirt
Ulfaß-A.
Thal
Flon
St.Anna
1362
Weißhorn
2705
Corno Bianco
Matatz-Sp.
2179
Matatz
(1042)
St.Martin i. Pass.
S.Martino i. Pass.
(597)
Fartleis
(1215)
Pfandleralm
Hochwart
2746
Roten-B.
2257
Kranzer
Pens
(1450)
St. Johann
Hochalp-Sp.
2535
Freisinger A.
Weißen-B.
Wink
508
Weißenbach
Außerpens
Passerhof
Bucher
Landthalerhof
Magdfeld
Waldwies
EFW5
Fartleis-A.
2752
Säbel-Sp.
2315
Alplerspitz
Sixen
Mörre
Agrub-A.
2620
Graben-K.
Gießer
V. di Pennes
Hinteregg-A.
Mahdalm
Waldensee
Gampen
Schwein-steg
Tallner-A.
Grünanger-A.
Rabenstein
Farntal-A.
Feldbrand
Genters-B.
2411
20
Ried
Hirzerhütte
Obertall
2050
Hirzer-Sp.
2781
Pta Cervina
Saltaus
Unterall
Oberkirn
Staffelhütte
(1325)
Aberstückl
Alpenrose
Kollmann A.
Vernuer
10%
Videgg
(1536)
Waldinger
Verdins
Ob.Taser
Alner
Genter See
Center Alpe
2422
Radel-Sp.
Riffian
Rifiano
Streitweider A.
Alpplatt-Sp.
2675
Kratzberger S.
Thalerhof
Unt.Reinswald
Tirol
Tirolo
Tschivon
1815
Ifinger H.
Gr.Ifinger Sp.
2581
Egger
Merano 2000
Essen-B.
2315
Grübl-A.
Kesselwandjoch
2300
Naifjoch
2030
Schenna
Scena
St. Georgen
2422
Kirchsteiger-A.
Gr. Mittager
Mittager
Pifinger-alm-H.
Meraner H.
Agratsberg
11%
Gsteirer
Vernaun
Rotwand-H.
L.-Zuegg-H.
Alpenrose
Maiser
MERAN
MERANO
Marchen
Glern
5,5

113
121

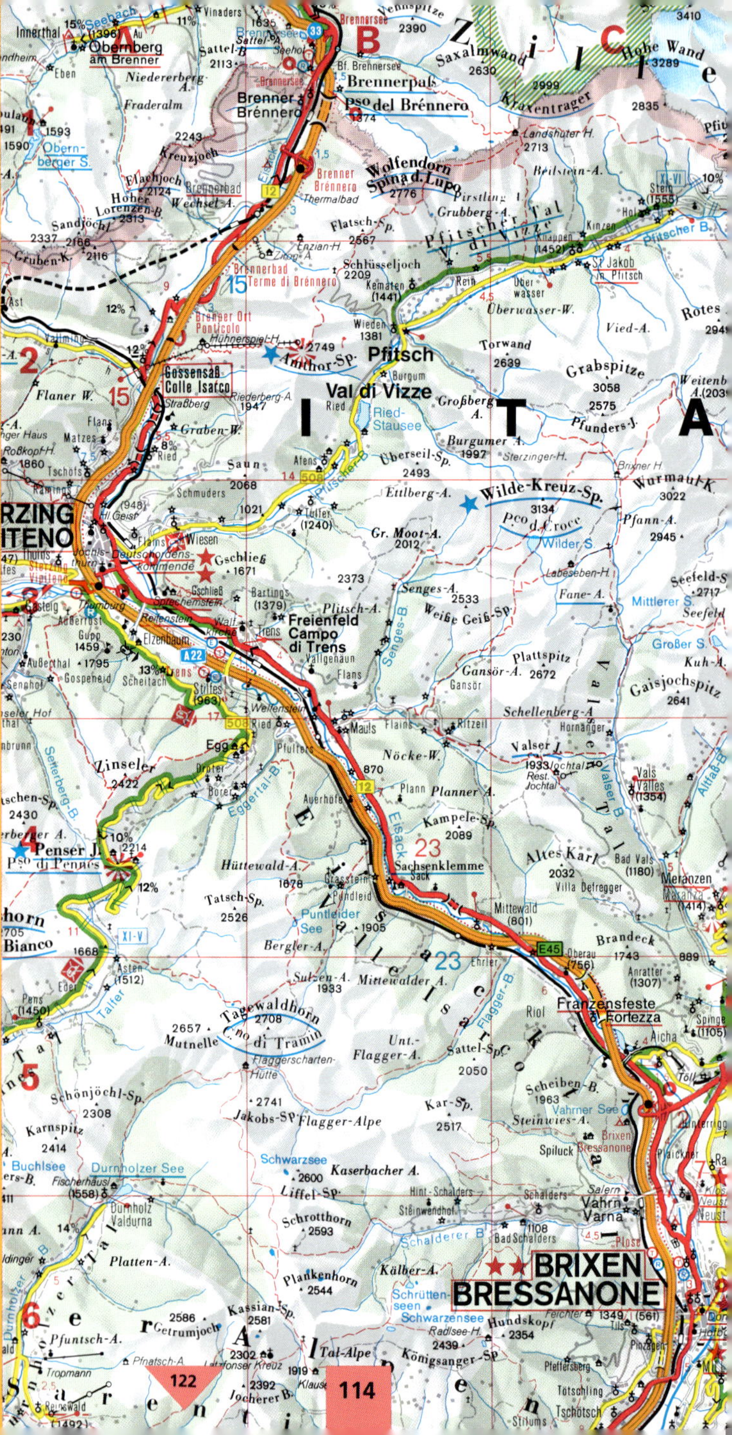
Obernberg am Brenner
Innerthal
Vinaders
Brennersee
Brenner Brénnero
Brennerpaß
Pso del Bréntnero
Saxalmwand
Hohe Wand
Kraxentrager
Landshuter H.
Wolfendorn Spina d. Lupo
Brennerbad
Brenner Brènnero Thermalbad
Kreuzjoch
Flachjoch
Hoher Lorenzen-B.
Wechsel-A.
Sandjöchl
Pfitscher Tal V. di Vizze
Stein
St. Jakob in Pfitsch
Pfitscher B.
Schlüsseljoch
Kematen
Brennerbad Terme di Brénnero
Brenner Ort Ponticolo
Überwasser-W.
Vied-A.
Rotes
Wieden
Pfitsch
Torwand
Amthor-Sp.
Gossensaß Colle Isarco
Val di Vizze
Grabspitze
Ried-Stausee
Großberg-A.
Pfunders-J.
Flaner W.
Straßberg
Riederberg-A.
Graben-W.
Burgumer A.
Sterzinger-H.
Überseil-Sp.
Wurmaul-K.
Saun
Schmuders
Ettlberg-A.
Wilde-Kreuz-Sp.
Pco d. Croce
Pfann-A.
Wiesen
Gr. Moot-A.
Wilder S.
Sterzing Vipiteno
Deutschordens-kommende
Gschließ
Labeseben-H.
Fane-A.
Seefeld-S.
Mittlerer S.
Thumburg
Sprechenstein
Bartings
Pfitsch-A.
Freienfeld Campo di Trens
Senges-A.
Weiße Geiß-Sp.
Großer S.
Elzenbaum
Trens
Vallgenäun
Plattspitz
Gansör-A.
Gaisjochspitz
Stilfes
Senges-B.
Flans
Schellenberg-A.
Mauls
Flains
Ritzeil
Valser J.
Egg
Pfulters
Nöcke-W.
Zinseler
Auerhöfe
Plann
Planner A.
Vals Valles
Penser J. Pso di Pennes
Kampele-Sp.
Altes Karl
Hüttewald-A.
Sachsenklemme
Grasstein
Puntleid
Puntleider See
Tatsch-Sp.
Mittewald
Bergler-A.
Villa Defregger
Meranzen
Brandeck
Oberau
Asten
Sulzen-A.
Mittewalder A.
Ehrlér
Anratter
Pens
Tagewaldhorn C. no di Tramin
Franzensfeste Fortezza
Mutnelle
Flaggerscharten-Hütte
Unt.-Flagger-A.
Riol
Aicha
Sattel-Sp.
Scheiben-B.
Vahrner See
Schönjöchl-Sp.
Jakobs-Sp.
Flagger-Alpe
Kar-Sp.
Steinwies-A.
Karnspitz
Spiluck
Brixen Bressanone
Buchlsee
Durnholzer See
Schwarzsee
Kaserbacher A.
Hint-Schalders
Salern
Vahrn Varna
Liffel-Sp.
Durnholz Valdurna
Schrotthorn
Schalderer B.
Schalders
Platten-A.
Kälber-A.
Plankenhorn
Schrüttenseen
BRIXEN BRESSANONE
Schwarzensee
Hundskopf
Kassian-Sp.
Getrumjoch
Pfuntsch-A.
Radlsee-H.
Königsanger-Sp.
Tal-Alpe
Latzfonser Kreuz
Jocherer B.
Tötschling
Tschötsch
Pinzagen
ITALIA
Zillertaler Alpen
Sarntaler Alpen
Valle Isarco
Eisack
Isarco
A22
E45
12
508
122

ÖSTERREICH
Zillertaler
Schlegeis-speicher
Schlegeisgrund
Gr. Greiner
Alpenrose-H.
Berliner H.
Schwarzenstein-Kees
Schwarzen-Stn.
Schwarzenstein-H.
Schönbichler Hn.
Steinmandl
Kl.-Hochsteller
Lavitz-A.
Furtschagl-H.
Waxegg-Kees
Hornkees
Haupenhöhe
Gr. Möseler
Mésule
Turnerkamp
Hornspitzen
Daimer-H.
Großfadnler
Biwakschachtel
Schlegeiskees
Nöfesferner
Gelenknock
Innerbacher-A.
St. Johann
Hochfeiler
Gran Pilastro
Unterberg
Nöfessattel
Breitnock
Stier-A.
Trotter-A.
Hochfeiler-H.
Gliderferner
Weißzint
Neves-A.
Nevesjoch-H.
Unt. Mitterbacher-A.
Egger
Eisbruggjoch-H
Neveser Ochsen-H.
Neves-Stausee
Weiße Wand
Marxegg
Bruggerhof
Weissenbach
Rio Bianco
Magsteinwipfel
Eisbrugg-S.
Napf-Sp.
Feuchter
ITALIA
Rinsbacher-A.
Ringel-St.
Kl. Nock
Michelreiß
Feuchter-A.
Mittelberger-A.
Michelreißer A.
Duner Klamm
Walder
Boden-A.
Zösen
Ob.-Lappach
Lappach
Reden
Henne
Speikboden
Sand in Taufers
Campo
Daan (Dun)
Wies-A.
Dengelstein
Reden-A.
M. Spico
Mitterberger A.
Unt.-Lappach
Mitterhof-A.
Mitterhofer
Passen-A.
Hochrain
Unt.-Steiner
Stein
Auer
Gornerberg
Mühlwald
Pfunders
Brugger
Astholz-A.
Weißsteiner-A.
Passen-J.
Mühlwalder B.
Mühlwalder Tal
Mühlwald
Selva d. Molini
Brugger
H. Grubbach-Sp.
M. Gruppo
Schaldern
Kammerschien
Eidechs-Sp.
Tiefenrasten-H.
Mutenock
Weng-A.
Kaser-A.
Wenger S.
Wiesen
Untersteiner
Pfunders-B.
Hof-A.
Knapp-henne
Wiesenhütte
Engel-A.
Grün-see
Gitsch
Moser-H
Talson
Pertinger-A.
Winne-B.
Grün-B.
Pircher-A.
Pirstling-A.
Kieneralm
Weitental
Fuchsstein
Hauerhof
Flitsch
Luttaler-A.
Oberhaus
Stoll-B.
Egger
Margen
Tötscherhof
Ender Ast
Nöne Wieser
Auf der Platten
Perntaler
Klingenstein
Terenten
Terento
Erdpyramiden
Georgenberg
Hirschbrunn
Ob.-Sergs
Vintl
Vandoies
Hohenbühel
Pichlern
Platten
Kofl
Unt.-Sergs
Stöckel Kp.
Holzer
Forstner
Forchner
Kehr
Gassel
Nd.-Vintl
Ob.-Vintl
Mair am Ort
Raubschl
Aschbach
Schöneck
Baumaurer
Rohrerhof
St. Georgen
E66
Mühlbacher Klause
Pustertal
Pirstall
Mair am Hof
St. Sigmund
Hofern
Issing
Pfalzen
Falzes
Solern
Huber
Tanzlhof
Rienz
Ilstern
Kiens
Chienes
St. Valentin
Lärchwald
Grein-walden
Bad Bachgart
Bad Ilstern
Stegen
Mühlbach
Rio di Pusteria
Radmüller
Ecker
Getzenberger
Getzenberg
Irrenberg
St. Nikolaus
Getzen-B.
Ehrenburg
Ebne
Brandl
Fassing
Sonnenburg
Rodeneck
Rodengo
Zizner
Hirschleiten-A.
Ronerhütte
Ellen
Elle
Pflaurenz
Floronzo
St. Lorenzen
S. Lorenzo
Gilfen
Vill
Schl. Rodenegg
Spisses
Lüsner Alpe
Starkenfeld-H.
Gader B.
St. Martin
S. Martino
Schabs
Sciaves
St. Maria
Villpeder
Oberhaus
Montal
Mantana
Saalen
Sares
Moos
Palù
Stefansdorf
S. Stefano
Vums
Natz
Naz
Kreuz
Plon
Tulp
Astjoch
Löchl
Kreuzwiesen-H
Gampil
Niedrist
Lüsen
Luson
Rung
Cost-A.
St. Jakobstöckl
Onach
Omes
Pfaffenberg
Prades
Walder
Lüsener Tal
V. di Luson
Riffler
Flitt
Petschied
Kaser-A.
Gaderta
Weitenthal
Vallarga
Grüns
Plaiken
Plicia
Frena
Enneberg
Marebbe
Ackerboden
Laseider
Glittner Joch
Lasanken-B.
Welschellen
Rina
Plose Bühel
St. Leonhard
Ochsen-A.
Lüsener Joch
Pso di Luson
Zwischenwasser
Longega
Hof
Corte
Karnol
Plose
(Telegraph)
Kastlung
Costalonga
Welschmontal
Mantena
Maurer-B.
Rosé-H.
St. Andrä
Zirben-A.
Piz di Plaies
Colfatsch
Colacrin
Gr. Joch
Schönblick
2 km
E66
49
244
28
37
123

Tirol
A
B
C
1
2
3
4
5
6
2 km
Grundschartner
3064
Stilluppe Hs.
Kainzenhütten
1564
Hohe Warte
3097
Mitterhütten
2824
2874
Gründl
2887
2923
Krimmler Tauern
Roßwand-Sp.
3158
2573
1413
Schönhütten
Rauchkofel
3251
Rauchkofelkees
Schafkarle
Windbach-Sp.
2867
2633
Winkelkopf
2857
Kasseler H.
Ht. Stangen-Sp.
3227
Eiskar
Wollbach-Sp.
3210
Roßkar
Napf-Sp.
3143
Wagner-schneid-Sp.
2899
Mitterjoch
2634
Waldner-S.
Wieser-A.
2035
Kasern
(1595)
Neuhaus
Heiliggeist
Knappenberg
1671
Prettau
Predoi
(1473)
St. Ignaz-Erbstollen
Schaubergwerk
Innerpichler
Inner-pichler-A.
Rotfleck
Keilbach-Sp.
3093
3376
Gr. Löffler
Feichtenbg.-A.
2288
In der Hutten
2209
Hühnerspiel
Tratter
St. Peter in Ahrn
(1365)
Brucher
Ahrn-B.
621
Steger
Alprech-A.
Keilbach-A.
Hochberg
Steiner
Hecher
Hühnerspiel
2417
Gabel-Sp.
3071
2123
Hofer
St. Jakob in Ahrn
(1194)
2293
Lutter-K.
Platter H.
Kofler
Steinhaus
Cadipietra
1122
Gatter
Bürchtaler Alm
Naturpark
Bürchtaler A.
Brunner Seeblein
Brunner H.
Arvental-H.
Platten
Großklausen
(1487)
Obertropach
(1017)
St. Johann in Ahrn
Kaltenstein
1602
Bärental A.
2862
Schwarzerspitz
Klamml-J.
22%
Klamml-S.
1894
Knutten-A.
Knuttennock
2734
St. Martin
Bauernschafter A.
Durra-A.
Hirbernock
3008
Rieserferner-
Hirber A.
Großstall
Valle Aurina
Klaus-S.
Durreck
C.ma Dura
3130
Dreieck-Sp.
3031
Stutennock
2737
Kofler-S.
Fleischbach
3157
Ob.-Lutttach
Luttach
Lutago
Gruber-A.
2452
Obersteiner Holm
Moosmayer-A.
Gr. Moosnock
3061
(1595)
Rein i. Taufers
Riva di Tures
Berger
Ob. Kofler-A.
3159
Mulle
Ob.-Pojen
2040
Pojen-A.
Ahrn
Mayerhofer A.
11%
Ursprung-A.
Bacher-A.
Ahrn-B.
4,5
Schlafhaus
Drittel
Michelreiß
sand
Burg Taufers
Ob.Terner-A.
2273
Hochgall H.
2932
Rieserfernergruppe
Riesernock
Lenksteinferner
Sand in Taufers
Campo Tures
(874)
St. Moritzen
Abornach
Salzsteiner
Rein-B.
17%
Gatternock
Maler-S.
2889
Gelttal A.
Winkel
Reinbachfälle
21%
V. di Riva
Sagernock
2674
Rieserferner
Vedr. di Ries
Hochgall
3435
Collalto
Wildgall
3272
Taufers
Winkelbad
Pfarrkirche
(Alkal. Thermalquelle)
Mühlen
Molini
Kematen
Ruthner Horn
3357
3271
Magerstein
Wasserfall-Sp.
2652
Parco
Naturale
Gr. Fensterlekofl
3175
Rieserferner-hütte
Antholzer See
(862)
18%
Grün
7%
Gr. Windschar
3042
Schwarze Wand
3106
Croda Nera
Prenn
Engelsbach
Vedrette
Ober-Wanger-A.
Berger A.
di Ries
Huber-A.
Passler
Wörer-
Antholz-Obertal
Wiesen
621
Hochhorn
2703
(838)
Uttenheim
Villa Ottone
Mühlbacher
Jöchl
2442
Oberbach
Aurina
Zinsnock
2534
Ob. Haidacher A.
Kumpfler A.
Antholz-Mittertal
(1236)
Grübl-A.
Höller
Tal
Mühlbach-Bad
Baustadl
Schloß Neuhaus
Zum Huber
Mühlbach
2449
Schönbichl
Grenten-A.
Gchse
23
Mairhofe
Dörfl
Gais
Schl. Kehlburg
Tesselberg
Lercher
Rammelstein
2484
Antholz-Niedertal
2687
Amperspitz
2569
Kehr
Aufhofen
Lannerhütten
Bad Antholz
St. Georgen
Ameten
Moarwirt
Hochnall
2232
Bad Salomonsbrunn
1950
Taistner A.
Volkskunde-museum
BRUNECK
BRUNICO
Ob.-Wielenbach
Aschbacher A.
Langegg-A.
Eisatz
Stegen
(835)
Dietenheim
Volksk. museum
Percha
Perca
Erdpyramiden
Schönblick
Platten
Aschbach
Antholzer-B.
2448
2495
Taistner Vorderalm
Rudlhorn
Gschu
Niederstho
Neu-Rasen
Nasen
Ob.-(1088)
Rasen
Rasun
Nied.-
Ansitz-Goller
St. Lorenzen
S. Lorenzo
Reischach
Schl. Lambrechtsbg.
Wielenbach
Mudler
Jetzberg
Haspa
Schindlholz
Stefansdorf
Reipertingi
Olang
Valdaora
Nd.-Olang
Feichter
Unterrain
Taisten
Wiesen
Nep.-Gosten

124

27

Nationalpark
Hohe
Tauern
Ö S T E R R E I C H
O s t t i r o l
D e f e r e g g e n
D e f e r e g g e n g e b i r g e
V i l l g r a t e n
D E F
1
2
3
4
5
6
Großer Geiger
3360
Kees
Rainerkees
Mullwitzkees
Kristallwand
3329
Törl
2770
Löbben
Inn. Kees-A.
1806
2888
2334
Warnsdorfer H.
Birnlücke
2667
Krimmler Kees
Simony-Spitzen
3488
Maurer-Kees
Defregger-H.
2962
Weiß-Sp.
3300
Froßnitzkees
2608
Hohe Achsel
3161
Lahner-A.
1979
Äuß. Lahnerkees
Dreiherrn-Sp.
3499
Roßhuf
3199
Simonykees
Essener-Rostocker-H.
2207
Johannis-H.
2121
Zopet-Sp.
3198
Eissee
Eichham
3371
Säul-Sp.
3209
Umbalkees
Malham-Spitzen
3373
Malhamkees
2589
Lenkjochl-H.
Rötkees
Welitz-
3495
Rötspitze
kees
Quirl
3251
Schlüssel-Sp.
2778
Maurer-B.
Dorfer-B.
Timmel-B.
Wallhorn-A.
2128
Nill-A.
Bonn-Matreier-H.
Griesseralm
1737
Wallhorn
Göriacher-A.
Gumpach-fall
Ströden
1403
Hinterbichl
Bichl
St. Andrä
Umbal
Clara-H.
2035
Umbalfälle
Pebell-A.
1513
Prägraten
a. Großvenediger
Berger-A.
1845
Bobojach
Welzelach
Ober-mauern
Gries
3091
Hohes Kreuz
3156
Daber-B.
Stürmitzer-A.
Groß-bach-A.
Kleinbach-A.
Toinig-Sp.
2666
Laspitzen-A.
1887
2223
Berger Kg.
2656
Schwarzach
Törl-Sp.
3052
Rosen-Sp.
3060
Bergersee-H.
Berger S.
Schober
2882
Stadler-A.
1905
Melham-A.
Totenkar-Sp.
3133
Bachlenken-K.
2759
2586
Reichenberger H.
Hainzen-Sp.
Böden-S.
2930
Lasörling
3098
Stadler H.
Mullitz-A.
Keesegg
3173
Seebachalm
Egg S.
Alples-Sp.
3149
Trojer-Alm-B.
Kessel-S.
Pizleshorn
2947
Durfeld-A.
2295
Steingruben-H.
2900
Mullitz-B.
2567
Lunebisch-H.
Merschen-H.
Steinkar-S.
Donner
17%
Oberhaus-A.
1786
See-Sp.
3021
1916
Ht.-Trojer-A.
Vd. Trojer-A.
2916
X-VI
Hutner-Sp.
2886
Oberseit-S.
Weißes Beil
2767
2170
Froditz-A.
Gritzer S.
Zischke-A.
16%
Patscher H.
1667
Erlsbacher-A.
2189
Reggen-A.
2248
Oberseit-A.
2289
Gritzer A.
St. Veit
(1495)
Gritzen
Sankt Jakob in Defereggen
Erlsbach
1555
Oberrotte
Mariahilf
Unterrotte
Barmer Haus
1389
Innere
Großrotte
Äußere
Gassen
Zotten
Osing
Bruggen
Mayrhof
St. Leonhard
Bad Grünmoos
Rinderschinken
Lappach-A.
12%
10%
2986
Almer-H.
Staller-A.
Stalle-A.
1714
Brunn-A.
2053
Langschneid
2689
Brugger A.
1930
Leppetal-A.
Gsaritzer A.
1797
Obersee-H.
Stallersee-H.
Ober-S.
Defereggger
2819
2052
Pfann-H.
Gahorn
2692
Jesach-A.
2000
Ochsenlacke
2390
Semmering-A.
2001
Rogötzl-A.
Staller Sattel
P.so Stalle
X-VI
Obernberg-A.
Gschritt
2751
Hinterbergkofl
2727
Hochkreuz-Sp.
2740
Weiß-Sp.
2963
Degen-H.
2946
Degenhorn-S.
Wand
2817
Hinterbergkofl-A.
Oberstaller-A.
1864
Unterstaller-A.
1670
Schwarz-S.
Arntal
2459
Lacken-kamm
Atzberg-A.
St. Magdalena
Mooswalder
Riepen-Sp.
2775
Stumpf-A.
1789
Steineralm
Eggeberg-A.
Rotes Ginggele
2763
Sieben Seen
Remas-S.
Hochgrabe
2951
Sand-A.
2096
Karbacher-B.
2517
Obertal
St. Magdalena in Gsies
Kasermähder-A.
Kamelisen-A.
Furat
2624
Kreuz-Sp.
Grumauer-B.
2670
Kradorfer
Schmidhofer-A.
Oberer See
Unterer See
Gabesitten
2665
Hochstein
2463
Kerls-Sp.
2612
Lahnberg
Talet
Ahorn-A.
Lipper-A.
1909
Bad Kalkstein
16%
St. Martin in Gsies
Innervillgraten
Unterfeld
Kargruben
Kircher-A.
Alfner-A.
1700
Kalkstein
Prante-kammern
2001
Oberhof
Villgraten-B.
5,5
Preindl
Oberplanken
Pidig-B.
2623
Innerpichl
Hochhorn
Ruschlet-A.
Tafinalm
Toblacher Pfannhorn
2663
Marchginggele
2546
Hochrast
2436
Thurntaler
2407
Plannhorn-Hütte
Unterplanken
Thurntaler S.
Kleiner S.
Durnwald
Frondeigen
Kurterhof
Nascht
Gsieser Tal
Valle di Casies
Walder Toter
4%
wald

125

A
B
C
110
Mals
Mälles Venosta
Schlinigertal
Spitzige Lun
2323
Cruschetta
2296
Schleiser A.
Monterodes
2358
Schleis
Polsterhof
St. Benedikt (998)
Matsch
Muntatsching
Kartatsch
Tartsch
Laatsch
Pravierter H.
Arunda Kopf
2527
Krippenland
2720
GLURNS
GLORENZA
Calvabrücke
41
Vereinte Kraft
(920)
Schluderns
Sluderno
Schl. Churburg
Starlex
3075
Mangitzer A.
1836
Tella-A.
Ober-Reichenbg.
Unter-
St. Johann
Taufers
Tubre
(1259)
Glurnser A.
1975
17
40
Köpfel
Gschneier
4
P.Terza
2910
Ruinatscha
St. Johann
Müstair
Münster
Hohenbalken
Puntweil
Rifairalm
Plaschweller
2533
Wallnöfhof
Lichtenberg
Spondinig
Terza
Lüsai
Ofenpass
Sta Maria i. Münstertal
(1375)
Valchava
Stelva
28
P. Chavalatsch
2765
2621
Munwarther
Stilfser A.
Stilfs
Stélvio
Platzhof
Großmontoni
1970
Agums
(920)
Schmelz
Prad a. Stilfser J.
Prato a Stélvio
Egghof
Tschenglsburg
38
Val Müstair
Münstertal
Alpenrösli
XI-V
11%
A. Prasüra
P. Minschuns
2934
Platz
Unt. Velnair
Ob. Tschengler A.
SCHWEIZ
P. Lad
2882
2880
Val Muraunza
Gomagoi
(1267)
Furkelhütte
2190
Valnair-A.
Wasserfall-Sp.
2741
3004
P. Costainas
Klein Boden
31
13%
Tschenglser
3378
Hochwand
P. Umbrail
3033
Muraunza
Trafoier Tal
Auß. Sulden
Stieralm
Umbrail-P.
Giogo di S. Maria
2769
Pta Rosa
3026
2503
Trafoi
1543
Razoihof
Waldruhe
Zaytalhütte
2721
Nat
Forc. di Rims
Cantoniera
Dreisprachen-Sp.
2839
Weißer Knott
Bärenkopf
2940
Vertain-Sp.
3544
Cma Vertana
Bocca del Braulio
Stilfser J.
Pso di Stélvio
3094
12%
Franzenshöhe
15%
XI-VI
Hl. Drei Brunnen
2555
Tabaretta-H.
622
Bormio
M. Scorluzzo
Ortlerhütte
2212
Payer-H.
3020
St. Gertraud
Kanzel
Valle del Braulio
XI-VI
Stilfser Joch-Str.
Strada del Passo dello Stélvio
Vedretta dei Vitelli
3174
Rif. M Livrio
Madatschferner
Bergl-H.
Ortler-Tschirfeck-H.
Rif. K 2
Ortler
Ortles
3905
Sulden
Solda
(1907)
Stil
Edenferner
V.d.M. Cristallo
3075
3431
M. Cristallo
Cresta di Rèit
Biv. Locatelli
3360
Trafoier Eiswand
3563
3652
Biv. Pellicioli
Biv. Città di Cantù
Hintergrat-H.
2661
Gratsee
Hint. Schöntaufsp.
3324
Madritsch-Hütte
Schaubach-H.
2581
3480
Cma di Campo
Thurwieser Sp.
M. Zebrù
3740
Suldenferner
Vedretta del Zebrù
Rif. V Alpini
2877
Königs-Sp.
3859
Gran Zebrù
Butzen-Sp.
3243
3302
Eissee-Sp.
Alpe Solaz
Valle d. Zebrú
Baite di Campo
Baite del Zebru
Rif. Bertarelli
Vedr. del Gran Zebrù
Valfurva
Niblogo
S. Nicolo
S. Gottardo
M. Forcellino
2841
Bte d. Pastore
ITALIA
Sulden-Sp.
3376
Langenferner
Rif. G Casati
3267
Ciuk
1620
S. Antonio
Bte Cavallaro
Parco
5
la Rocca
2260
2053
Bte Confinale di Sopra
M. Confinale
3370
Cime del Forno
3241
L.d. Cedec
2706
Rif. L. Pizzini
Vedr. di Cedec
Zufallferner
Zufall-Sp.
3700
Baita Platta
300
Lago del Confinale
Lago della Manzina
3778
M. Cevedale
Baita Vallecetta
Platta
Paganta
Nazionale
M. Rosole
3531
Vedr. de la Mare
Bòerio
Bormio 3000
Baitin d. Pastori
Frodolfo
Bte dell Ables
Pradaccio
Baita dei Forni
Biv. Colombo
Vallacetta
3148
Stablbad
S. Caterina Valfurva
Vedr. Dosegu
L.d. Rosole
2493
Palon de la Mare
3704
Vedr. Bossa
Vedro
1736
Cerena
Val di Forni
Branca
Lombardia
Bei Laghetti
Rif. Paradiso
16%
Mala
M. Sobretta
3296
2280
6
dello Stélvio
Plaghera
2879
Ghiacciaio del Forno
M. Vioz
3644
Rif. Mantova al Vioz
L. Stelu
L. Brodeg
Costa Sobretta
Rif. Costa Sobretta
Pzo Tresero
3602
Biv. Seveso
Rif. Nino Corsi
Cma Taviela
3615
Pejo 3000
XII-V
2 km
Pso dell Alpe
2463
A. di Gavia
Pta S. Matteo
3684
Pta Cadini
3524
Rif. Toni Turri
Biv. Meneghello
2878
Gavia

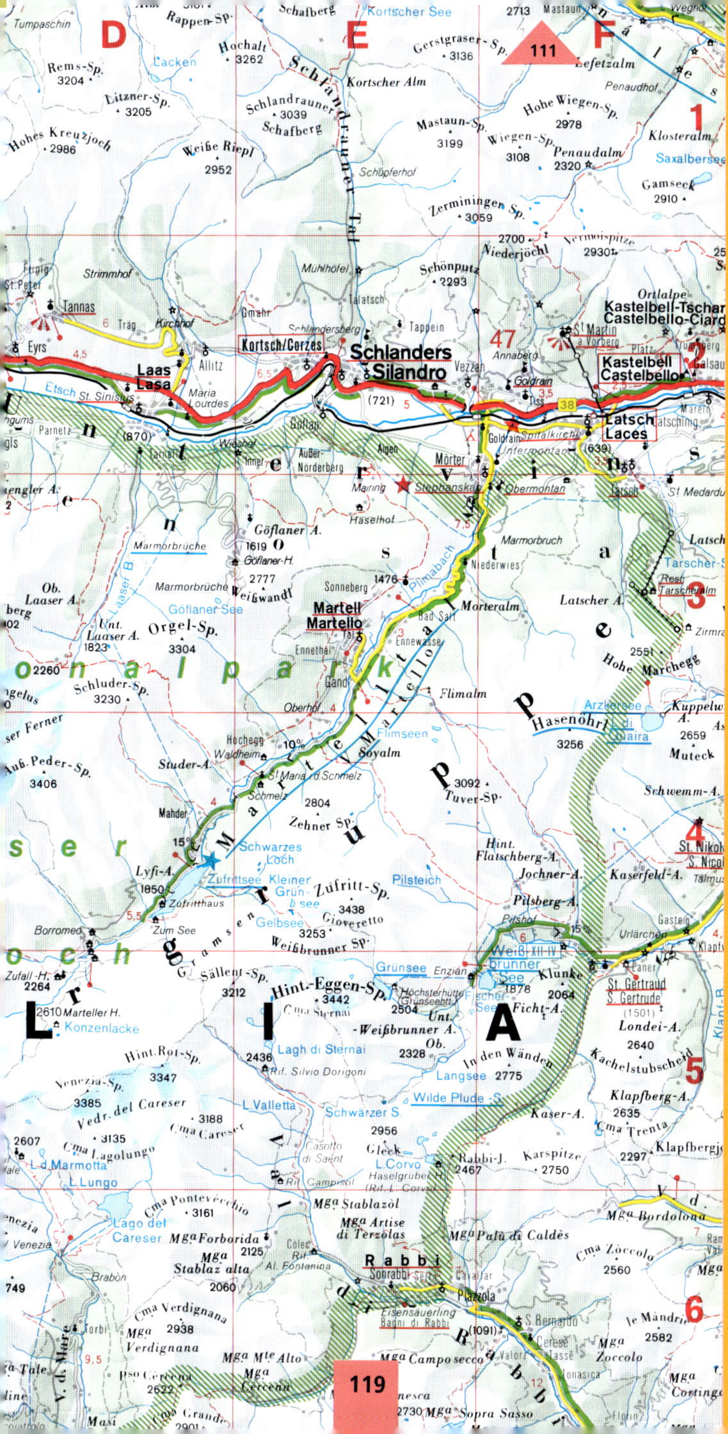

111
D
E
F
1
2
3
4
5
6
119
Tumpaschin
Rappen-Sp.
Schafberg
Kortscher See
Gerstgraser-Sp. 3136
Hochalt 3262
Lacken
Rems-Sp. 3204
Litzner-Sp. 3205
Hohes Kreuzjoch 2986
Weiße Riepl 2952
Schlandrauner Sp. 3039
Schafberg
Schlandrauner Tal
Kortscher Alm
Lefetzalm
Penaudhof
Hohe Wiegen-Sp. 2978
Klosteralm
Saxalbersee
Mastaun-Sp. 3199
Wiegen-Sp. 3108
Penaudalm 2320
Gamseck 2910
Schupferhof
Zermininger Sp. 3059
2700
Niederjöchl
Vermoispitze 2930
Schönputz 2293
Mühlhofer
Strimmhof
St. Peter
Tannas
Trag
Kirchhof
Eyrs
Gmahr
Talatsch
Tappein
Schlandersberg
Kortsch/Corzes
Schlanders
Silandro
Vezzan
47
Annaberg
St. Martin a Vorberg
Ortlalpe
Kastelbell-Tschars
Castelbello-Ciardes
Kastelbell
Castelbello
Galsaun
Laas
Lasa
Allitz
Maria Lourdes
Etsch
St. Sinisius
Parnetz
(870)
(721)
Göflan
Goldrain
Tiss
38
Latsch
Laces
Latsching
Morter
Goldrain
Spitalkirche
Untermontan
Obermontan
(639)
Tarsch
St. Medardus
Wieshof
Inner
Außer-Norderberg
Aigen
Mairing
Stephanskapelle
Haselhof
Göflaner A.
1619
Göflaner-H.
2777
Marmorbrüche
Marmorbruch
Marmorbrüche
Weißwandl
Göflaner See
Laaser B.
Niederwies
Latscher A.
Tarscher See
Tarscheralm
Zirmrast
Ob. Laaser A.
Unt. Laaser A. 1823
Orgel-Sp. 3304
Sonneberg
1476
Plimabach
Martell
Martello
Tal
Bad Salt
Morteralm
Ennewasser
Ennethal
Gand
Oberhof
Flimalm
Hohe Marchegg 2551
2260
Schluder-Sp. 3230
Nationalpark Stilfser Joch
Parco Nazionale dello Stelvio
Martelltal
Val Martello
Hasenöhrl 3256
Arzkersee
L. di Quaira
Kuppelwieser A.
2659
Muteck
Flimseen
Soyalm
Hochegg
Waldheim
10%
St. Maria i. d. Schmelz
Schmelz
Studer-A.
Auß. Peder-Sp. 3406
3092
Tuver-Sp.
Schwemm-A.
2804
Zehner Sp.
Mahder
15%
Schwarzes Loch
Lyfi-A. 1850
Zufrittsee
Kleiner Grün-see
Zufritt-Sp. 3438
Zufritthaus
Pilsteich
Hint. Flatschberg-A.
Jochner-A.
Kaserfeld-A.
St. Nikolaus
S. Nicolò
Pilsberg-A.
Pilshof
Gasteig
Urlärchen
Borromeo
Zum See
Gramsen
Gelbsee
Gioveretto
3253
Weißbrunner Sp.
Weißbrunner See
Grünsee
Enzian
1878
Klunke
2064
St. Gertraud
S. Gertrude
(1501)
Londei-A.
Zufall-H.
2264
Sällent-Sp. 3212
Hint.-Eggen-Sp. 3442
Cima Sternai
Höchsterhütte
Grünseehütte
2504
Unt. Weißbrunner A.
Fischer See
Ficht-A.
2640
2610 Marteller H.
Konzenlacke
Hint. Rot-Sp. 3347
2436
Lagh di Sternai
Rif. Silvio Dorigoni
2328
Ob.
In den Wänden
Langsee 2775
Kachelstubscheid
Klapfberg-A. 2635
Venezia-Sp. 3385
Vedr. del Careser
3188
Cma Careser
L. Valletta
Schwarzer S.
Wilde Plude-S.
Kaser-A.
Cma Trenta
2607
Cma Lagolungo 3135
L. d. Marmotta
L. Lungo
2956
Gleck
Casotto di Saènt
L. Corvo
Rif. Campisol
Haselgruber H. (Rif. L. Corvo)
Rabbi-J. 2467
Karspitze 2750
2297
Klapfbergjoch
Cma Pontevècchio 3161
Lago del Careser
Mga Forborida 2125
Mga Stablaz alta 2060
Mga Stablazòl
Mga Artise di Terzolas
Mga Palù di Caldès
Mga Bordolona
Cma Zòccolo 2560
Brabòn
Al. Fontanina
Rabbi
Sonrabbi
Piazzola
Eisensäuerling
Bagni di Rabbi
(1091)
S. Bernardo
Valorz
Mga Verdignana
Cma Verdignana 2938
Le Màndrie 2582
Mga Zoccolo
Torbi
9,5
Pso Cercena 2622
Mga Mte Alto
Mga Cercena
Mga Campo secco
Mga Cortinga
Cma Grande 2901
2730 Mga Sopra Sasso
V. d. Mare
Masi
Val di Rabbi

112
A
B
C
1
2
3
4
5
6
Texel-Sp.
Gruppo di Tessa
Tablander Lacke
3000 Tschigat
Hochganghaus
Mut-Sp. 2295
Spronserferner
Karthaus
1327
Montfert
Gfallwand 3174
Nassereith
Ginglalm
Leiteralm 1528
3079 Kirchbach-Sp.
Katharinaberg
Schnalstal
Schnalser B.
Partschinser Wasserfall
Giggelberg
Oberplars
Plars
Thurnstein
Velau
Algund
Lagundo
Dickeralm
Bertl
Alt Ratteis
Wald
Dick
Schnatz 1485
Partschins
Parcines
Rabland
Gruberhof
Töll
Forst
Mühlbach
2542 Stierberg-A.
Schloßalm
Lind
Naturns
Naturno
Ladurner
(554)
Juval
Kompatsch
St. Prokulus
Plaus
Oberbrunn
Saring
Mahlbach
Mühlthaler
St. Martius
Marling
Marlengo
Eisen-u. Schwefelqu.
Bad Kochenmoos
Bf. Schnalstal
Staben
Tscharser
Tschars
Ciardes
Schl. Kastel
Tabland
Tschirland
Dornsberg
Schloß Dornsberg
Schwarze Lacke
Aschbach
Seehof
Waalweg
Mitterterz
Baslan
St. Vigil
1795
Larchbühel 1824
Lebenberg
Schl. Leberberg
Vigiljoch
Rago
Tomberg
Schleid
Naturnser Wald
Naturnser Kuh-A.
1922
Rauhe Büchl
2026
Pawigl
Freiberg
Alt-A.
Marzonalm
Mauslochalm
Medardushof
Tablander A.
Hochwart
2608
Guardia Alta
Staffelalm
Waltert
Staffels
Klaus
Rateis
St. Magdalena
Latschinger A.
Zirmtal-A.
Schl. Eschenlohe
Falschauer B.
Plomboden-S.
Falkomai-Kuh-A.
St. Pankraz
S. Pancrazio
Völlan
Foiana
Koflraster Seen
Rontscher Joch
2711
Falkomaisee
St. Helena
Bad Lad
Tschahaun (736)
Völlaner Bad
Hoher Dieb
2728
2734
Drei Seen
Falkomai-A.
Halsmann
Walch
Zirmraun-H.
Muteggrub
Peilstein
2542
Stauda Stausee
Ortler
Äußerer Berg
1671
Unt. Platzers
1626
Koflraster-A.
Marschnell-A.
Auß. Dura
Bucher
(1280)
Platzers
Gall
Steinrast-A.
St. Walburg
S. Valburga
Lotterbad
Bosso
Mitterbad
Schwefelbad
Kuppelwieser-A.
Asmol-A.
2659
Ulten
Ultimo
St. Moritz
Breiteben
Kuppelwies
Laugen-A.
Gfriller
Unt. Alach
Laugen-A.
Laugenspitze
Gr.
2433
Laugen-See
2297
Kl.
1518
Bad Gfrill
Gampen-J.
P.so d. Palade
Zoggler Stausee
Spitzner A.
Gamper-A.
Val d'Ultimo
Ultental
St. Nikolaus
S. Nicolò
1256
Talmuseum
Falschauer B.
Jaisten
Pfandler A.
Seegruben-A.
Kornigl
2311
40
8%
Plattleiten
1748
Lucar-A.
Maria Himmelfahrt
(1342)
Castrin-A.
Unsere liebe Frau im Walde
Senale
Norderwies
2626
Hochwart
A. Cloz
Klapfwies
Mandelspitz
2396
Ometto
Auerberg-A.
Britzner-A.
Alpe Laurain
1875
Malga Mosco
Malga di Brez
Malgasott
(1255)
2176
Spiel
Seefeld-A.
Ilmenspitz
2656
Alpe di Valle
Wezlaun
M. Ori
1877
St. Felix
S. Felice
Klapf-B.
Proveis
Proves
(1420)
Rif. alla Regola
L. della Regola
Tret
Stübele
2669
Cemuglio A.
Tanna
Mga Lavace
1645
Rumo
Raina
Castelfondo
(948)
Salobbi
Dovena
238
Schrumm-Sp.
2626
(1114)
Lanza
Mocenigo
Marcena
Schmieden
Laurein
Lauregno
Castelfondo
Castel Vigna
Carpalez
(988)
Lago Smeraldo
Fondo
Malosco
Pfbergjoch
Mga Binazia
Corte
Mione
Tregiovo
2419
Monte Pin
Traversara
Brez
d. Bresimo
Ramon
Val di Campo
Altaguardia
Bevia
R. Pescara
Arsio
19
Vasio
Sarnònico
Seio
3
42
Mga Malgazza
1980
Mga Pozze
Preghena
M. Ozol
1569
Cloz
Dambel
Rio Novella
Cavareno
Fontana
Barnes
Baselga
Bresimo
Mga Larese
(741)
Livo
Cis
2 km
2200
C. Candei
Cortinga
Bozzana
Varollo
Romallo
Cagnò
Revò
Romeno
(961)
Amblar
Mostizzolo
San Biagio
43 d
Don
Bordiana
S. Giacomo
120

113
126
121
D
E
F
MERAN
MERANO
BOZEN
BOLZANO
Sarnthein
Sarentino
Eppan
an der Weinstr.
Appiano
sulla Strada del Vino
Kaltern
a. d. Weinstr.
Caldaro
s. Str. d. Vino
Leifers
Laives
Branzoll
Bronzolo
Pfatten
Vadena
Deutschnofen
Nova Ponente
Terlan
Terlano
Nals
Nalles
Andrian
Andriano
Burgstall
Postal
Vöran
Verano
Hafling
Avelengo
Mölten
Meltina
Gargazon
Gargazzone
Jenesien
S. Genesio
Oberbozen
Soprabolzano
Schenna
Scena
Tirol
Merano 2000
Kreuz-J.
Möltner Kaser
Schwarzeck
Tschaufenhöhe
Gantkofel
Mendelpaß
P.so di Mendola
Penegal
St. Michael
S. Michele
St. Pauls
Girlan
Montiggler S.
L. di Monticolo
St. Jakob
Etsch
Südtiroler Weinstraße
Strada del Vino
Astfeld
Nordheim
Sarner Scharte
Villanders
Gries
Signat
Runkelstein
Afing
Flaas
Verschneid
Vilpian
Prissian
Sigmundskron
Kardaun
Karneid
Cornedo
Kalterer See
A22

114
BRIXEN
BRESSANONE
Sarntaler Alpen
Plankenhorn 2544
Kassian-Sp. 2581
Getrumjoch 2586
Königsanger-Sp.
Hundskopf 2354
Radlsee-H.
Schwarzsee
Latzfonser Kreuz
Tal-Alpe
Pfuntsch-A.
Pfnatsch-A.
Tropmann
Reinswald
Gfoller-A.
Stefflhütte
Pfrein-A.
Schwarzer See
Am Toten
Seebergsee
Villanders-B.
Wetterschutzhütte
Schönland-A.
Scheiben-A.
Villanderer Alm (Gasser-H.)
Gasteiger Sattel
Villanders
Villandro
Latzfons
Feldthurns
Velturno
Klausen/Chiusa
KLAUSEN
CHIUSA
Kloster Säben
Gravetsch
St. Valentin
Villnöß
Funes
Mineralien-museum
Gufidaun
Verdings
Albions
Lajen
Laion
Rittner Horn
C.no di Renon
Rittnerhornhaus
2260
Bad Dreikirchen
Sauders
Tschatterin-A.
Tschan-B.
Ramitzler Schwaige
Außer Raschötz
Egghäusl
Rittner A.
Unterhorner Haus
Schwarzsee-Sp.
St. Jakob
Barbian
Barbiano
Waidbruck
Ponte Gardena
Trostburg
Tagusens
Tagusa
Kollmann
Saubach
Rentward
Rendl Bühel
C.d. Rende
Grödner Tal
St. Peter
S. Pietro in Gardena
St. Ulrich
in Gröden
Ortisei
Panider Sattel
St. Michael
S. Michele
Ritten
Renon
Pemmern
Bad Süß
Penzl
Tisens
Kastelruth
Castelrotto
Puflatsch
Pufels
Bulla
Oberinn
Himmelreich
Mittelberg
Maria Saal
Wieser
Lengstein
Erdpyramiden
Lengmoos
St. Andreas
Kematen
Klobenstein
Collalbo
Atzwang
Siffian
Wolfsgruben
24
St. Oswald
Alpenrose
Mirabell
Laranz
Seis
Siusi
St. Valentin
Puflatsch-Alpe
Berghs. Puflatsch
Eurotel
Bellavista
Seelaus-Schwaige
Compatsch
Steger Schwaige
Saltner Schwaige
Ritsch-Schwaige
Post-
St. Konstantin
St. Vigil
Aichnerhof
Miramonti
R. Saleqg
Bad Ratzes
Schlernbödele-H.
Seiser Alm
Alpe di Siusi
Berghaus Paradiso
Goldknopfhaus
Völs
Tuff-A.
Petz 2564
Schlern
Sciliar
Schlernhäuser
Völs am Schlern
Fiè allo Sciliar
Ums
Steg
Unterinn
Eschenbach
Eberle
Unt.-Aicha
Blumau
Schl. Prösels
Naturpark Schlern
Parco Naturale
dello Sciliar
Sesselalm
Sessel-Schwaige
Roterd-Sp.
Tierser Alpl-H.
Molignon-H.
Karneid
Cornedo
Steinegg
Tschein
Ob.-Aicha
Schönblick
Tschafon
Tschamintal
Mittag-Kofl
Grasleiten-H.
Antermoia
2902
St. Katharina
Breien
Tschafon-H.
St. Zyprian
Tiers
Tires
Hot. Weißlahnbad
Grande Giro delle Dolomiti
Rif. Pso. Principe
Kessel-Kg.
Cima Antermoia
Aichner Stall
Erlbach
Tierser Tal
Gröden
Nigerpaß
P.so Nigra
Gletsch-A.
Große Dolomitenstraße
Vajolet-Türme
Vajolet-H.
Preuss-H.
Gartl-H.
Santnerpaß-H.
Stern
Schenk
Eggental
Valdhun
Zipperle
Zischgl-A.
Schillerhof
Kletzler-A.
Frommer-Alm
Rosengarten-Sp.
Cima Catinaccio
Rosengarten-Hütte
Catinaccio
Tscheiner Hütte
Talt-Bühel
Kohler
Klöderer
Welschnofen
Nova Levante
Krugerhof
Birchabruck
Rotwand
Rotwand-H.
Rif. Paolina
Vigo di Fassa
Vallonga
Plan Bühel
Moser Schwaige
Karer See
Karersee Hotel
Karerpaß
P.so di Costalunga
Cima Poppa
Eggen
S. Nicolò Ega
Geigerhof
St. Helena
Daum B.
Obermoser
Schwarzenbach
Wieser-Säge
Pichlhof
Birchabruck
127

D
E
F
115
Plose
(Telegraph)
2504
Plose Bühel
2245
Ochsen-A.
Kaser-A.
St. Leonhard
St. Andrä
Kreuztal
Schihütte
Vallazza
Palmschoß
Afers
St. Georg
(1505)
Gr. Gabler
Unterstand
Zirben-A.
2561
Lasanken-B.
Glittner Joch
Lüsener Joch
Pso di Luson
Maurer-B.
2326
Untermoier-A.
Kurtatsch
Würzjochhaus
2006
Peitlerknappenhütte
Enzianhütte
Schatzer-H.
Rodel-A.
Halsl
Peitlerkofel
2874
Col Verein
2209
Tullen
2652
Aferer Geisler
Odle d. Fores
Kreuzkofel
2344
Rif. Genova
Schopplhof
St. Magdalena
Ranuikirchl
St. Peter
Villnöß-B.
Villnößer Tal
St. Johann in Ranui
(Ranuikirchl)
Zanser Alm
Gampenalm (Schlüter-hütte)
Sobutsch
2485
2294
Neue Gschnagenhardtalm
St. Zenon
Medalges-Alpe
Inner Raschötz
2303
Brogles-A.
Geislerspitzen
l'Odle
3025
Sass Rigais
Naturpark
Puez-Geisler
Parco
Naturale
Puez-Odle
Puezgruppe
Zwischen-Kofel
2403
Puez-Spitzen
2915
Seceda
2518
Fermeda-Sp.
2873
Rif. Firenze
(Regensburger H.)
2039
Col Raiser
2106
Dolomiten-Höhenweg
Alta via d. Dolomiti
Col de la Pieres
2759
Chiampani
2670
Gardenaccia
Pitsch-B.
Furnes
1728
Oberwinkel
Vico d. sopra
St. Jakob
S. Giacomo
St. Christina in Gröden
S. Cristina Valgardena
Wolkenstein in Gröden
Selva di Val Gardena
Vallunga
Langental
M. de Sura
2577
Ciampatsch
Kolfuschg
Colfosco
Sassongher
2665
Crespeina-See
Ciampatsch-See
Campill
Longiarü
(1398)
Tschengles
1962
Pescol
Pescolle
Abtei
Badia
Pedratsches
Pedraces
St. Leonhard
S. Leonardo
1324
La Villa
Stern
Campill-B.
Gader-B.
244
Pederoa
Piz di Plaies
St. Martin in Thurn
S. Martino in Badia
Piccolein
Piccolino
1893
Col Alt
1982
Corvara in Badia
Kurfar
Piz la Ila
Pralongia
2139
Grödner Joch
Passo di Gardena
243
Pisciadu-H.
2985
Pisciadù
Mesules
2995
Zehner
2911
Sella-Gr.
Boe-Hütte
2871
Piz Boè
3151
Pordoi-Sp.
2950
Passo Pordoi
242
Col Burz
2058
Hotel Boe
Pso di Campolongo
2095
Arabba
Buchenstein
Livinallongo C.d.L.
Ornella
Große Dolomitenstr.
Grande Giro delle Dolomiti
48
Ciampinoi
2255
Piz de Sella
Monte Pana
Confin
Langkofel
Sasso Lungo
3181
Plattkofel
2955
Grohmann-Sp.
3146
Sellajoch
Pso di Sella
Piz Gralba
2974
Rodella
2485
Campitello di Fassa
Canazei
(1463)
Pecol
Rif. Sasso Becce
Bindelweg
Porta Vescovo
2733
La Mesola
Rif. Viel dal Pan
2044
Penia
641
T. Avisio
Lago di Fedaia
2047
M. Padon
2521
Pso di Fedaia
Gr. Vernel
3205
Marmolada
3342
Punta Penia
Forc. Serauta
2943
3259
M. Sass di Roi
2369
Pzo Guda
2150
Greppa neigre
2532
Col Bel
2436
Collaz
2716
Sasso di Rocca
2618
Pso di V.S. Nicolo
2340
Sasso Vernale
3053
M. Fop
2883
Cme del Auta
M. Pezza
2405
Col Becher
Sass da Lastei
2781
M. Buffaure
2020
Val di S. Nicolò
Ponsin
2348
Fontanazzo di sotto
Campestrin
Mazzin
(1379)
16
17
2 km
1
2
3
4
5
6
33
37
Valbona
Franzei

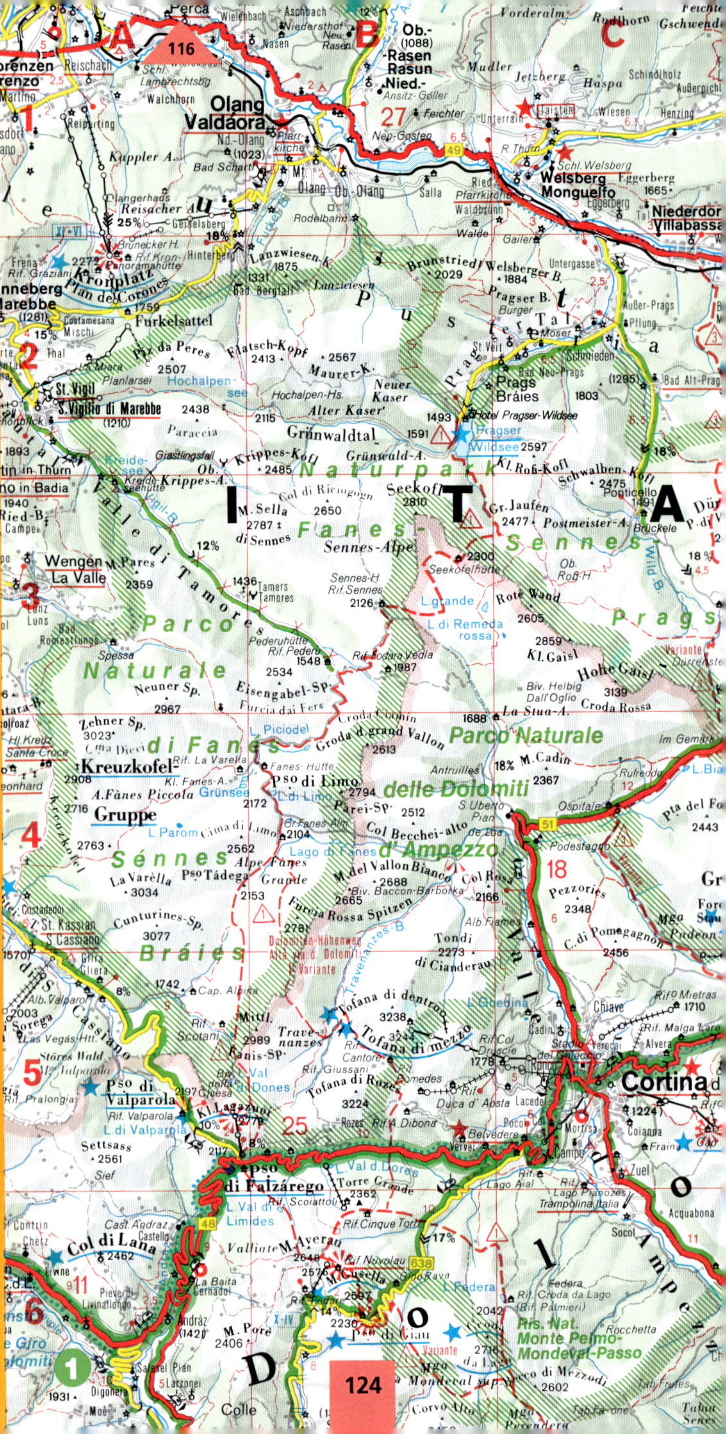
116
124
Perca
Olang
Valdàora
Ob.-Rasen
Rasun
Nied.-
Welsberg
Monguelfo
Niederdorf
Villabassa
Kronplatz
Plan de Corones
Furkelsattel
St. Vigil
S. Vigilio di Marebbe
Piz da Peres
Flatsch-Kopf
Hochalpensee
Grünwaldtal
Pragser Wildsee
Prags
Bràies
Naturpark
Fanes-Sennes-Prags
Seekofl
Sennes-Alpe
Valle di Tamores
Wengen
La Valle
Parco Naturale di Fanes Sénnes Bráies
Kreuzkofel-Gruppe
Hohe Gaisl
Croda Rossa
Parco Naturale delle Dolomiti d'Ampezzo
Pso di Limo
Col Bechei-alto
Lago di Fanes
Tofana di dentro
Tofana di mezzo
Tofana di Rozes
Cortina
Pso di Valparola
Kl. Lagazuoi
Pso di Falzárego
Col di Lana
Pso di Giau
Ris. Nat. Monte Pelmo-Mondeval-Passo
Settsass
Cinque Torri
St. Kassian
S. Cassiano
Pezzories
C. di Pomagagnon
Acquabona
Zuel
Andráz
Colle

117
Oberplanken
Innerpichl
Unterplanken
Frondeigen
Kurterhof
Nascht
2623
Hochhorn
Ruschle-A.
Prante-kammern
Oberhe
Toblacher Pfannhorn
2663
Pfannhorn-Hütte
Marchginggele
2546
Strick-B.
Hochrast
2436
Tafinalm
Thurntaler
2407
Thurntaler S.
Kleiner-S.
Sillianberger A.
Stadlhorn
1878
Radsberg
Stadlen
Aufkirchen
Wahlen
Innichen
Innichberg
Toblach
Dobbiaco
Pfarrk.
St. Joh. d. Taufer
Gratsch
Silvester
Sillianberg
Köckberg
Arnbach
Sillian
Außervillgraten
Pircher
Winnebach
Vierschachberg
Weitlanbrunn
E66
49
100
Vierschach
Unter-Vierschach
Forcher-Kaser
Pijaufer-Kaser
Hahnspiel-H.
Helm
2433
Neu Toblach
Drauquelle
Haunold-H.
Wildbad Innichen
Außerberg
Schmieden
Mitterberg
Fullhorn-S.
Hollbrucker-S.
Sillianer H.
Gschwend Kaser
Hollbrucker-Sp.
2581
Naturpark
Sextner
Dolomiten
Parco
Naturale
Dolomiti di Sesto
Neunerkopf
2618
Haunold
2943
Sexten
(Sesto)
Moos
Karnische Dolomitenstr.
Strada delle Dolomiti Carniche
Toblacher See
Schmieden-R.
Nock
1924
51
Birkenkofel
2904
Mitteralpe-S.
Dolomiten-Höhenweg
Alta via d. Dolomiti
Dreischuster-H.
Dreischuster-Sp.
3152
Cima Tre Scarperi
Bad Moos
12%
1924
Rotwand-wiesen-H.
Sexten-B.
Schwarz-S.
Alpeneme
Klausbrücke
Bullköpfe
2852
Schusterplatte
2957
Fischleinboden
Hot Dolomitenhof
Sextner Dolomiten
Talschluß-H.
1540
Kreuzberg Sattel
1636
52
Cra di Coltrondo
P.so M. Croce
Strudelköpfe
2307
Festung
(Höhlenstein)
L.d. Piani
Dolomiti di Sesto
2696
Einserkofel
Elferkofel
3092
Cima Undici
Rif.o Olivo Sala al Popera
2102
1556
Rif.o Selva Piana
Rif.o A. Berti
Rienzhaus
Dreizinnenhütte
2438
Paternkofel
2746
L.d. Cengia
Zsigmondy-H.
2235
Dürren-S.
1406
Schluderbach
(1437)
Drei Zinnen
2973
2998
2856
Tre Cime de Lavaredo
Rif.o Lavaredo
Rif.o Auronzo
S.M. Ausiliatrice
2560
Zwölferkofel
3094
Cima Dodici
Lago Nero
Rif.o Carducci
2293
Biv. Btg. Cadore
Cima Bagni
2983
Biv. Piovan
L. Cadin
Große Dolomitenstr.
Grande Giro delle Dolomiti
M. Piana
2324
Maggiore Bossi
2225
16%
30%
11%
48 bis
Cr.a di Rimbianco
Pta. dell'Agnello
2723
Alta via d. Dolomiti
Croda di Ligonto
2794
Biv. Carlo Gera
M. Cristallino
2786
1756
Col S. Angelo
Misurina
Capanna Balbo
L. Antorno
Pie d. Palla
V. Marzon
Tabià d'Ambata
Croda da Campo
2700
M. Giralba
2456
d. Cristallo
Cap. Guido Lorenzi
L. di Misurina
Rif.o Fonda Savio
Cima Cadini
2839
Col di Vezza
2157
Giralba
Ciarnola
3216
Cristallo
Rif.o Popena
13%
Rif.o Col de Varda
2128
48
Ansiei
30
C.se Orsolina
Reane
Pso Tre Croci
Rio Gere
10%
Città di Carpi
12%
Rif. Cristallo
Federavecchia
Pale di Menotto
2248
Stabingrande
C.se Valscura
Mt. Rusiana
1789
Miniera Argentiera
Tabià Rusiana
Auronzo di Cadore
Mt. Agudo
1585
(864)
Villagrande
Alb. Panoramic
Lago S. Caterina
Casone di Regola
Tabià da Rin
Rif. Primula
Stabiziane
Alb. di Colalto
Ost. S. Marco
Tabia Colle basso
Casone Campiviei
La Cesta
2767
Rif. Vandelli
Biv.
2150
Alta via d. Dolomiti
Ris. Nat. Somadida
Croda Alta
2645
Cot Burgion
1776
Cra Val da Rin
Cra delle Pecore
Variante
L. di Sorapis
E. Cmici
Cr.da del Banco
Biv. Alberto Musatti
Biv. Tiziano
Biv. Fanton
1969
Rif. Ciareido
Cimon del Froppa
2932
Cra delle Armente
1919
Bagni di Gogna
Tabià Val di Quoilo
Pta. Sorapis
3205
3154
Biv. Slataper
Cr.da de Mescolo
2961
Colle Cervera
Gruppo delle Marmarole
Rif. Baion
1855
2 km
Forcla Grande
2250
Biv. Voltolina
Cma Bastioni
2935
Rif. Chiggiato
Col Negro
1952
Cra d'Ageron
Lozzo di Cadore
Rif. San Marco
Rif.o Galassi
Cap. degli Alpini
Valle d'Oten
M. Ciauderona
2587
125
Deppo
Domegge di Cadore
51 bis
Rizzios
San Vito di Cadore
Veneto
Cadore
Italia
Dolomiten

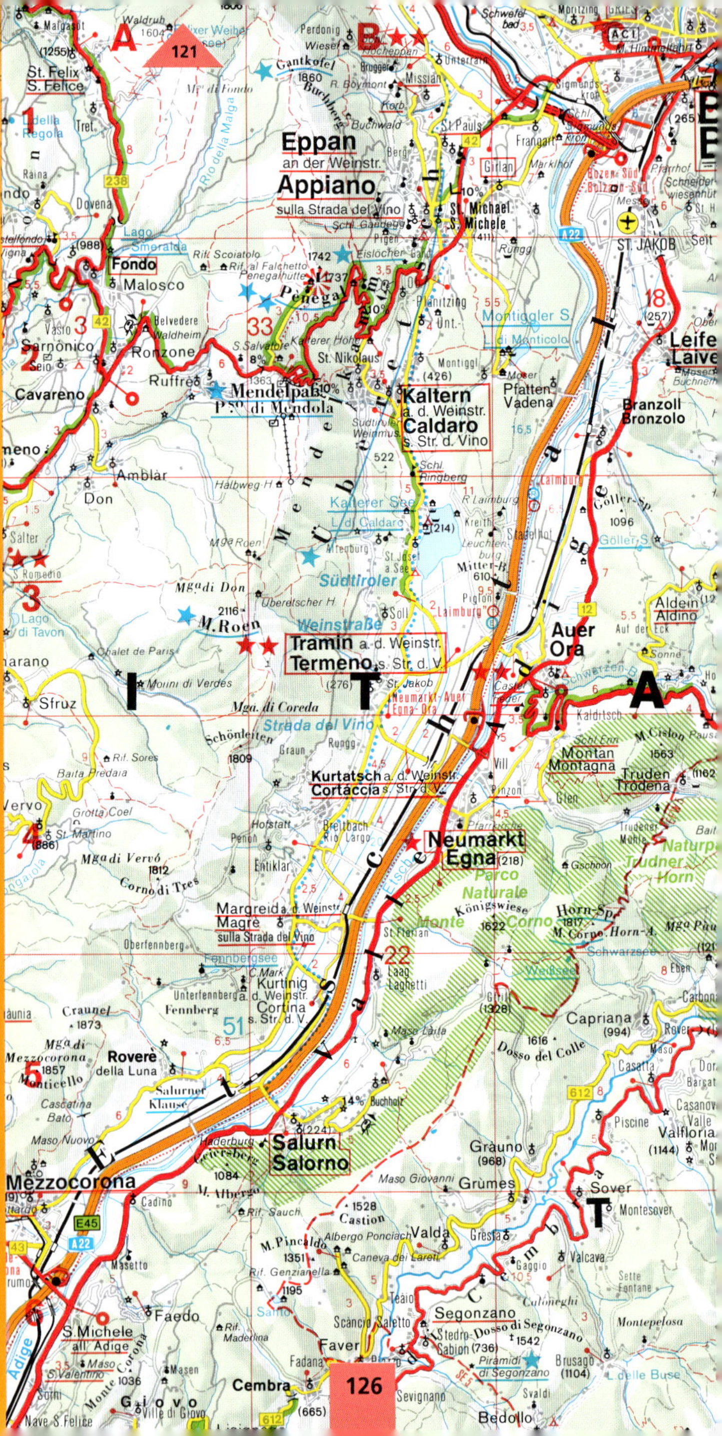

121
126
Eppan
an der Weinstr.
Appiano
sulla Strada del Vino
St. Michael
St. Michele
Fondo
Malosco
Sarnonico
Ronzone
Ruffrè
Cavareno
Mendelpaß
P.so di Mendola
Penegal
Kaltern
a. d. Weinstr.
Caldaro
s. Str. d. Vino
Kalterer See
L. di Caldaro
Südtiroler
Weinstraße
Strada del Vino
Tramin a. d. Weinstr.
Termeno s. Str. d. V.
M. Roen
Amblàr
Don
Sfruz
Kurtatsch a. d. Weinstr.
Cortaccia s. Str. d. V.
Neumarkt
Egna
Margreid a. d. Weinstr.
Magrè
sulla Strada del Vino
Kurtinig
a. d. Weinstr.
Cortina
s. Str. d. V.
Roverè
della Luna
Salurner
Klause
Salurn
Salorno
Mezzocorona
S. Michele
all' Adige
Faedo
Cembra
Faver
Segonzano
Piramidi
di Segonzano
Sover
Montesover
Gràuno
Grùmes
Valda
Capriana
Auer
Ora
Montan
Montagna
Truden
Trodena
Parco
Naturale
Monte Corno
Trudner
Horn
Aldein
Aldino
Branzoll
Bronzolo
Pfatten
Vadena
Leifers
Laives
St. Jakob
Bozen-Süd
Bolzano-Sud
Frangart
Girlan
Montiggler S.
L. di Monticolo
Laag
Laghetti
Buchholz
Gschnon
Königswiese
Valfloria
Piscine
Brusago
Bedollo
Sevignano
Cadino
Masetto
Castion
Dosso del Colle
Lago Smeraldo
Lago di Tavon
S. Romedio
Salter
Vervo
Vasio
Seio
Tret
St. Felix
S. Felice
Dovena
Malgasot
Gantkofel
Perdonig
Missian
St. Pauls
Unterrain
Sigmundskron
Schwefelbad
Mitter-B.
Pinzon
Vill
Glen
Kaldritsch
Castelfeder
Söll
Rungg
Graun
Penon
Entiklar
Breitbach
Rio Largo
St. Florian
Fennberg
Unterfennberg
Oberfennberg
Fennbergsee
Schönleiten
Mga. di Coreda
Mga. di Don
Mga. Roen
Corno di Tres
Monticello
Cascatina
Bato
Maso Nuovo
Haderburg
M. Alberga
Rif. Sauch
Maso Giovanni
M. Pincaldo
Albergo Ponciach
Caneva dei Lareti
Rif. Genzianella
Scancio
Saletto
Fadana
Sabion
Stedro
Dosso di Segonzano
Caloneghi
Montepelosa
Sette Fontane
Valcava
Gaggio
Gresta
Giovo
Ville di Giovo
Masen
Nave S. Felice
Sorni
S. Valentino
Monte Corona
Cembra
Casatta
Rover
A22
E45
42
43
612
Adige
Etsch
Überetsch
Mendel Kamm
Unterland
Valle dell' Adige
Val di Cembra

Bozen-Nord
Bolzano-Nord
Karneid
Cornedo
Steinegg
Blumau
Unt.-Aicha
Schl. Prösels
Ums
Naturpark Schlern
Parco Naturale
dello Sciliar
Tschamintal
Tschafon
Tiers
Tires
St. Zyprian
Grödner
Tierser Tal
Große Dolomitenstraße
Grande Giro delle Dolomiti
Nigerpaß
P.so Nigra
Rosengarten
Vajolet-Türme
Welschnofen
Nova Levante
Plan Bühel
Karer See
Karerpaß
P.so di Costalunga
Latemar-Sp.
Eggentaler Horn
Obereggen
Eggen
S. Nicolò Ega
Deutschnofen
Nova Ponente
St. Helena
Petersberg
Maria Weißenstein
Eggenwald
Lavazè-J.
P.so di Lavazè
Weißhorn
C.no Bianco
Radein
Redagno
Joch Grimm
P.so d' Oclini
Schwarzhorn
C.no Nero
Zanggen-B.
Pampeago
M. Agnello
Dosso Branchi
La Forcella
Predazzo
La Cugola
Varena
Cavalese
Tèsero
Panchia
Ziano di Fiemme
Daiano
Carano
Castello di Fiemme
Molina
Altrei
Anterivo
Val di Fiemme
Lago
Catena dei Lagorai
Alpe Cermis
Paion del Cermis
Cauriol
Campo Coldose
Campo Laghetti
Trentino
Cimon del Tres
Busa Grana
Cima d. Stellune
M. Stelle d. Sute
Cimon d. Roa
Val Cion
Cima d'Asta
P.so di Manghen
Mga Copola
Val Cia
2 km
1
2
3
4
5
6
D
E
F

122

In diesem Register sind alle in diesem Führer erwähnten Orte und Ausflugsziele unter ihrem deutschen Namen verzeichnet. Halbfette Seitenzahlen verweisen auf den Haupteintrag, kursive auf ein Foto.

Schreiben Sie uns!

Liebe Leserin, lieber Leser,

wir setzen alles daran, Ihnen möglichst aktuelle Informationen mit auf die Reise zu geben. Dennoch schleichen sich manchmal Fehler ein – trotz gründlicher Recherche unserer Autoren/innen. Sie haben sicherlich Verständnis, dass der Verlag dafür keine Haftung übernehmen kann. Wir freuen uns aber, wenn Sie uns schreiben.

Senden Sie Ihre Post an die MARCO POLO Redaktion,
Mairs Geographischer Verlag, Postfach 31 51, 73751 Ostfildern,
marcopolo@mairs.de

Impressum

Titelbild: Rosengarten/Dolomiten (Look: Ehn)
Fotos: Bilderberg: Blickle (20); HB Verlag (5u., 9, 12, 25, 64, 72, 93, 97); G. Jung (24); laif: Heidorn (94), Tophoven (2u., 34, 77); Look: Ehn (107), Frei (11), Galli (2o., 27, 31, 60, 66), Martini (22, 28), Pompe (90); LVA Bozen: Fuchs-Hauffen (59); Mauritius: Frass (49), Thonig (4, 33); H.P. Merten (26, 40, 54, 74); T. Stankiewicz (7, 15, 16, 18, 84, 92, 98, 101, 102); M. Thomas (42); T. Widmann (5o., 6, 68, 87); Wilfried Wirth (U.l., U.m., U.r., 43, 46, 51, 61, 69, 73, 78); E. Wrba (88)

10., aktualisierte Auflage 2004 © Mairs Geographischer Verlag, Ostfildern
Herausgeber: Ferdinand Ranft, Chefredakteurin: Marion Zorn
Redaktion: Elke Arriens-Swan, Bildredakteurin: Gabriele Forst
Kartografie Reiseatlas: © Mairs Geographischer Verlag/Falk Verlag, Ostfildern
Gestaltung: red.sign, Stuttgart

Bloß nicht!

Sieben Dinge, die Ihnen in Südtirol nur Ärger bereiten

Wenn's regnet, nach Bozen fahren

Vor allem nicht mit dem eigenen PKW. Das haben außer Ihnen nämlich noch so gut wie alle anderen Südtirolurlauber vor. Ab 9 Uhr früh stecken Sie unweigerlich im Stau, und am Ötzi-Museum bilden sich Endlosschlangen.

Mit einem grünen »Sarner« anbandeln

Die Einwohner des Sarntales sind besonders urige Typen. Noch heute tragen viele die Originaltracht und dazu einen Hut mit einem roten oder grünen Band. Die roten sind die ledigen, mit denen können Sie getrost flirten, von den »grünen« aber Hände weg. Da sitzt zu Hause eine eifersüchtige Ehefrau.

Mit Turnschuhen in die Berge

Gutes Schuhwerk mit einer griffigen Sohle gehört ins Südtiroler Reisegepäck. Nur zu oft hört man von ahnungslosen Touristen, die auf einer harmlos scheinenden Bergtour ins Stolpern oder Rutschen geraten sind. Selbst erlebt: Touristinnen, die mit Stöckelschuhen zur Wanderung kamen.

Ohne Erlaubnis Pilze sammeln

Pilzesammeln in Südtirols Wäldern ist nur an gewissen Tagen und gegen Bezahlung einer Gebühr erlaubt. Falls Sie keine Ermächtigung haben, Hände weg. Die Kontrollen sind scharf, und selbst harmlos wirkende Wanderer können sich als Forstwachen entpuppen.

Zur falschen Jahreszeit anreisen

Südtirol hat zehn Klimazonen und bietet rund ums Jahr gute Erholungsmöglichkeiten. Trotzdem, wenn Sie im Mai oder November in einem Dolomitenort landen oder im Januar in der Weingegend, beispielsweise im Überetsch oder im Unterland, dann kann auch der schönste Urlaub trostlos werden.

Fremdes Obst pflücken

Dem Wanderer die Landschaft, dem Bauern die Ernte! Schilder dieser Art werden Sie in Südtirol immer wieder sehen. Und Sie sollten sich auch daran halten. Der eine Apfel, den Sie vom Baum nehmen, wird zu tausend Äpfeln, wenn andere diesem Beispiel folgen.

Knödel mit dem Messer schneiden

Die werden artig mit Löffel und Gabel zerteilt, sonst ist die Köchin beleidigt. Richtige Knödel sollen nämlich so locker und leicht sein, dass sie fast von alleine auseinander brechen. Denn genau das ist die Kunst des Knödelns.